Dr. med. Martina Leibovici-Mühlberger

Die Burnout-Lüge

Das Buch

„Burnout macht uns deutlich, dass wir als Gesellschaft in Wirklichkeit keine Wahl mehr haben. Wir haben die Kontrolle und Reglementierung der Lebendigkeit auf Basis eines mechanischen, reduktionistischen Weltbilds, das wir über die angebliche grundsätzliche Gefährlichkeit des Menschen rechtfertigen, auf die Spitze getrieben und knallen damit gerade gegen die Wand. Wir sind zu 100 Prozent kontrollierbar, verwaltet, verbeamtet, verreguliert, aber wir sind nicht mehr lebendig. Das, was Leben ausmacht, das Dynamische, Unvorhergesehene, Herausfordernde, das Bewährung und Anpassung und kreative Lösungen fordert, ist wegrationalisiert. Doch genau das ist das Grundgesetzt der Evolution. Wenn wir uns dem widersetzen, so rationalisiert die Evolution UNS weg. Der Burnout-Protagonist ist die Speerspitze dieser Warnung.
Burnout-Patienten dürfen nicht weiter Bauernopfer sein, hinter denen sich eine fehlgeleitete Gesellschaft versteckt. Zuerst verleugnen wir sie, dann schenken wir ihnen unser Bedauern, schicken sie auf Rehabilitation oder in gesellschaftliche Hinterhöfe. Aber noch verschließen wir unsere Ohren mit Wachspfropfen vor der Warnung, die uns immer mehr Menschen mit ihrem persönlichen Untergang entgegenbrüllen: Ihr seid die Burnout-Gesellschaft!“

Die Autorin

Dr. med. Martina Leibovici-Mühlberger, Mutter von vier Kindern, ist Praktische Ärztin, Gynäkologin, Ärztin für Psychosomatik und trägt als Psychotherapeutin das European Certificate of Psychotherapy. Sie leitet die ARGE Erziehungsberatung und Fortbildung GmbH, ein Ausbildungs-, Beratungs- und Forschungsinstitut mit sozialpsychologischem Fokus auf Jugend und Familie. Sie ist Buchautorin sowie Verfasserin zahlreicher wissenschaftlicher Artikel.

Dr. med. Martina Leibovici-Mühlberger

Die Burnout-Lüge

Volkskrankheit oder Geschäftsmodell?

HERDER

FREIBURG · BASEL · WIEN

HERDER spektrum Band 6852

MIX
Papier aus verantwortungsvollen Quellen
FSC® C083411

www.herder.de

Umschlagkonzeption: Heejin Kim
Umschlaggestaltung: Verlag Herder

Herstellung: CPI books GmbH, Leck

Printed in Germany

ISBN 978-3-451-06852-2

Inhalt

Einleitung

Wenn ich heute nach einem langen Praxistag im Auto säße und mir überlegte, ob ich nun zumindest einem neuen Cabrio einen guten Schritt näher wäre, wenn mich beim Aussteigen aus dem Flugzeug nach einer intensiven Konferenz, zu der ich mit Vortrag oder Workshop aktiv beitragen konnte, ein Gefühl von sinnloser Ausgelaugtheit befiele, oder aber, wenn mir nach der Klausur mit meinem Team die vor uns liegenden Aufgaben als unüberwindbar erschienen, dann wüsste ich, dass etwas wirklich grob falsch in meinem Leben liefe. Dann wüsste ich, um es mit der gängigen Modediagnose zu belegen, – und Einrasterung ist dieser Gesellschaft heilig – dass nun auch ich einem sogenannten „Burnout" nahe bin.

Ich wüsste allerdings auch, ganz entgegen der allgemeinen Meinung, dass es nicht die Arbeitsbelastung ist, die gerade im Begriff ist, mir das Leben abzugraben. Arbeitsbelastung macht müde. Das ist ein normaler Prozess und für sich genommen nichts Pathologisches. Sehr viel Arbeit hat also die Potenz, einen sehr müde zu machen. Ist ja auch irgendwie logisch. Dann muss man eben schlafen gehen, statt sich noch die Nächte mit hippen Veranstaltungen oder, in der Schmalspurversion, mit seinen Lieblingsserien um die Ohren zu schlagen. Und mehr, seien wir ehrlich, gibt es zum Thema Arbeitsbelastung nicht zu sagen. Dafür haben, zumindest in jenen Ländern, in denen das Burnout auf Basis der herbeigeredeten arbeitsbedingten Ausbeutung als zunehmende Seuche grassiert, tonnenweise Arbeitsschutz- und Ruhebestimmungen gesorgt. Eine Paradoxie, an der alle medial die Arbeitswelt vorverurteilende Berichterstattung geflissentlich vorbeiblickt. Gerade in jenen postmodernen, wohlregulierten und wohlsituierten Gesellschaften der westlichen Hemisphäre gibt es ja wohl im Vergleich zu einem vom Arbeitsschutz nahezu „unbelasteten“ Dritt- oder Viertwelt-Industriebetrieb beim Thema Arbeitsbelastung und Ausbeutung wirklich beim besten Willen nichts mehr zu bemängeln. Schon ein nur wenig kritischer Blick auf die eigene Elterngeneration, die Burnout nicht wirklich kannte, legt nahe, dass es sich hier nur um das Spiel einer gesamtgesellschaftlichen Wehleidigkeit handeln kann.

Das würde allerdings, in oben genanntem Szenario, trotzdem nichts an meinem Problem „mich knapp vorm Zusammenbruch zu fühlen“ ändern. Zugegeben, da fühlt man sich in der ersten Sichtung seines Zustands dann nicht besonders arbeitsfähig, was wiederum für die rasch auf den Plan tretenden Vertreter der Helferindustrie im Kreisbeweisschluss die Pforte öffnet, um scheinbar schlüssig die Arbeitsbelastung lautstark als Verursacher und Übel zu brandmarken. Im Gegensatz dazu würde in der hypothetischen Fallstudie meines eigenen Burnouts die Tatsache glatt unter den Tisch fallen, dass ich mich, mein Menschsein und meinen Sinn, genauso wie dies die meisten um mich herum tun, bereits vor Längerem verraten habe, dass ich mir selbst und allem um mich herum also schon lange entfremdet bin. Denn die Konsequenzen der Anerkennung dieses Faktums wären weitreichend und beängstigend für eine auf Konsum, Kontrolle und Überregulation alles Lebendigen ausgerichtete Gesellschaft, wenn wir den Mut fänden, hier wirklich hinzuschauen.

Gerade deswegen setzt ein so ideologisches wie reflexhaftes Räderwerk im Umgang mit Burnout und seinen aufziehenden Gefahrenzeichen ein: Wenn mein Zustand als Besorgnis erregend, aber noch nicht wirklich desaströs einzustufen wäre, dann würde man mir mit sonorer Stimme im Ton sakraler

Offenbarung dringend zu mehr „Work-Life-Balance" raten, gute Freunde würden mir vom „gesunden Egoismus" vorschwärmen, und alle wären der Ansicht, dass Arbeit und Verantwortung dringend zu reduzieren sind. Dann könnte ich mich noch eine Weile mit gut abgesteckten Boxenstopps in einem Wellnesstempel über Wasser halten und mir am Wochenende einen kleinen Shoppingkick als kurzfristigen Energiebooster verpassen. Exklusive Hobbys wie Drachenfliegen oder Heliskiing könnten eventuell auch noch helfen. Oder es stünde mir noch der Weg offen, Städtereisen zu sammeln, teure Uhren oder auch nur Swatches, wenn meine Praxis weniger gut ginge. Und dann blieben noch verkokste Sexpartys, die man mir angesichts der Bedrohung durch den völligen Zusammenbruch wohl durchaus nachsehen würde. Wenn ich Glück hätte, käme ich damit bis in die Pension. Wenn nicht, würde ich eben mittendrin zusammenbrechen und aufwändig auf Kur geschickt, ohne mich je meinem eigentlichen Thema der narzisstischen Sinnleere stellen zu müssen. So oder so – ich bliebe auf dem Kurs einer Gesellschaft, die mit der Burnout-Lüge gut vorgesorgt hat, weil alle mitspielen und viele daran verdienen.

Lange Zeit bin ich der Burnout-Lüge selbst aufgesessen, ja, ich war als Ärztin sogar ihr Handlanger. Ich habe mit großer Anteilnahme das Schicksal der überarbeiteten Gutmenschen mitbeklagt, Patienten ausufernd auf meinen Schoß genommen, sie darin bestätigt, dass sie schwerst erkrankt und unbedingt schonungsbedürftig wären, und habe mit ihnen Pläne zum unbedingten Erstarken ihres persönlichen Egoismus und einer drastischen Reduktion der Arbeitsbelastung ausgearbeitet. Verweigerung von Belastung und Einsatz, Dienst nach Vorschrift, Widerstand gegen die allgegenwärtige Ausbeutung durch die Arbeitswelt oder Familie. Dabei habe ich nur Symptome bekämpft, mitgeholfen, einen Plan für ein Überleben auf niedriger Ebene zu schaffen, angepasst zu bleiben. Die eigentlichen Ursachen aber habe ich damit weiter besichert und stabilisiert.

Entstanden ist dieses Buch aus meiner jahrzehntelangen Erfahrung – in ärztlicher und psychotherapeutischer Hinsicht – mit dem Thema. Je mehr ich mich damit beschäftigt habe, umso größer wurde das Gefühl von Wut.

Ich habe nicht viel erwartet, als ich mit dem Schreiben begann, und hatte stellvertretend für meinen Verleger Bauchweh, denn es fügt sich nicht gefällig in die bestehende Ratgeberliteratur zum Thema ein, sondern will zur Rebellion gegen unser bestehendes Gesellschafts- und Gesundheitssystem anstiften. Umso mehr haben mich die Reaktionen überrascht, aber auch in meiner These bestätigt. Der Fluss an Anfragen zu Vorträgen oder Burnout-Prophylaxe-Seminaren nach dem von mir entwickelten Modell von LOVE – WORK – PRAY hat seit Erscheinen nicht nachgelassen. Mir hat das Buch zahlreiche Begegnungen mit Menschen geschenkt und über das Thema Burnout und die Sinnfindung des Einzelnen hinaus noch weitere Probleme eröffnet. Denn was kommt nach der Burnout-Gesellschaft?

Nach der Mitwirkung an einem Forschungsprojekt, das Europa jenseits 2025 zum Thema hatte, weiß ich, dass wir die Ärmel aufkrempeln, tief nachdenken und unsere Natur als *zoon politikon* wiederentdecken müssen.

Im Moment lässt sich die Frage „Burnout – Volkskrankheit oder Geschäftsmodell“ sehr einfach beantworten: „Volkskrankheit UND Geschäftsmodell!“

Wien, im September 2015

Meine eigene Geschichte mit Burnout

... ist eine sehr alte. Als ich Ende der siebziger, Anfang der achtziger Jahre des vergangenen Jahrhunderts Medizin studierte, hatte der deutsch-amerikanische Psychoanalytiker Herbert Freudenberger die psychologisch interessierte Kollegenschaft gerade mit einer ersten Veröffentlichung zu einem von ihm in Sozialberufen zunehmend beobachtbaren, frappierenden Phänomen aufhorchen lassen.

Sozialarbeiter, Psychologen, Krankenschwestern oder Vertreter anderer helfender Berufe, die über Jahre hinweg hoch engagiert ihren Berufspflichten nachgekommen waren, verloren plötzlich gänzlich ihren Elan, entwickelten eine zynische Einstellung zu ihren Klienten und verfielen in einen Zustand von Antriebslosigkeit und emotionaler wie physischer Erschöpfung, bis hin zu vollständiger Apathie. Mit dem Begriff „Burnout" war ein Wortbild geschaffen, das die Gemüter zu erhitzen vermochte und zu näherer Begriffsbestimmung drängte. Zahlreiche verbale Beschreibungsversuche tauchten auf, die alle letztendlich einem bemühten Gestammel glichen.

Entweder waren sie zu unspezifisch, um der notwendigen Trennschärfe gegenüber anderen Syndromen gerecht zu werden oder aber zu spezifisch und eingrenzend, sodass jedem durch Fallpraxis mit der Materie Vertrautem sogleich ein waschechter „Burnout"-Patient einfiel, der in diesem Modell durch die Maschen rutschen würde. Irgendwie einigten sich der Boulevard und eine Burnout-Forschung, die, beurteilt man sie nach Kriterien wie Validität, bereits ganz unten auf recht wackeligen Beinen steht, darauf, dass es sich beim Burnout um einen arbeitsbezogenen Zustand von physischer, emotionaler und mentaler Erschöpfung handelt, einer drastischen

Überarbeitung also, die von Depersonalisation und eklatantem Leistungsabfall gekennzeichnet wird.

Wir, die wir uns bereits als intellektuelle Speerspitze einer neuen Ärztegeneration sahen, die sich weigerten, das Seelenleben des Menschen weiterhin strikt von den körperlichen Vorgängen sowie den auftretenden Krankheitsprozessen getrennt zu sehen, waren von diesem seltsamen Syndrom fasziniert. Trotz meiner in jüngerem Lebensalter noch ausgeprägten Respekthaltung gegenüber Wissenschaft und Forschung kann ich mich sehr klar an das sichere Gefühl erinnern, dass sich in den gängigen angebotenen Deutungen immer nur ein begrenzter Abschnitt reflektierte. Das Ding war größer. Da steckte mehr dahinter als der simple Zusammenbruch unter zu großem Arbeitsdruck, wie man es gerne auf eine Kurzformel brachte. Das war wirklich spannend. Die meisten von uns hatten sich, was zum damaligen Zeitpunkt ohne Internet noch mehr einer Geheimoperation glich und heute über Knopfdruck zu haben ist, über diverse Quellen ein MBI (Maslach Burnout Inventory) als Fragebogen – gemeinsam mit dem weniger verbreiteten TM (Tedium Measure) die Bibel der Burnout-Forschung – gecheckt, um auf eigene Faust und im heroischen Selbstversuch die Burnout-Gefährdung zu erheben. Mir kamen schon damals ziemliche Zweifel. Meine Frage, WIE es zur Auswahl und Erstellung der einzelnen Items kam, wurde nie zufriedenstellend beantwortet, und auch in meinem eigenen Ergebnis zeigten sich, sooft ich es auch wiederholte, nur Anomalien.

Als Werkstudentin, die aus einer kleinen Beamtenfamilie aufgebrochen war, um den unserer Generation vorgegebenen Olymp der Akademisierung zu erklimmen, musste ich mir mein Studium ziemlich vollständig selbst finanzieren. Das bedeutete zumindest einen Tag in der Woche Meinungsforschung als Straßenbefragung, durch deren Lenkung wir in der Folge entschieden, ob die Bürger unseres Landes zum Beispiel für die revolutionäre Form des Mozarttalers konsumreif waren. In den Wochenendnächten schlüpfte ich dann ins Kostüm der Barfrau, ersparte mir damit das Ausgehen und hatte dennoch eine Menge Spaß. Ich lernte auf diese Weise unwahrscheinlich viele Leute sowie verschiedene Drinks kennen und verdiente entsprechend Kohle. Den Rest der Zeit widmete ich mehr meiner Medizinorientierung, indem ich in einer Privatklinik für zwei arabische Querschnittpatienten als Pflegerin arbeitete. Der eine war bei der Falkenjagd vom Pferd gestürzt, dem anderen war ein Kamel, das er angefahren hatte, aufs Autodach gefallen. Beide hatten reges Interesse am Ausschnitt meiner Dienstbluse, waren aber sonst kooperativ und ziemlich aufwändig mit ihren Gebetsritualen versorgt, sodass mir in den Umlagerungspausen jede Menge Zeit blieb, um mich auf meine Rigorosen vorzubereiten. Die meisten meiner Kommilitonen waren, die Theorie der Überarbeitung vor Augen, der sicheren Ansicht, dass mich meine achtzig bis neunzig Arbeitsstunden pro Woche pfeilgerade von der Seite der Burnout-Beforscher auf die Seite derer befördern müssten, die diesem Syndrom in absehbarer Zeit erliegen. Aus meinem Blickwinkel schien jedoch das krasse Gegenteil der Fall zu sein. Es fühlte sich an, als nähme ich mein Leben immer mehr in Besitz. Obwohl ich zugeben muss, dass mich, obrigkeitsgläubig wie ich mit dem Rest meiner Generation grundsätzlich erzogen worden war, immer wieder Zweifel über meine eigene Befindlichkeit befielen, ich mich sozusagen belauerte, ob nicht der Hintergrund meiner täglichen Arbeitsmotivation bereits den Abgrund einer aufflammenden Ausgebranntheit bereithalten würde. In der Zwischenzeit erlernte ich praktischerweise, wie sich effizient in Salamischeibchen schlafen lässt, was mir für meine spätere Facharztausbildung sehr zugute kam. Ich begann, zunehmende Faszination für dieses schillernde Phänomen Burnout zu entwickeln.

Ich arbeitete in jenem Trakt, der die voraussichtlichen Langzeitpatienten beherbergte. Unter Titeln wie Neurasthenie, psychovegetativer Kollaps oder auch Managersyndrom residierten in den mehr einem Hotelambiente ähnelnden Krankenzimmern auch immer wieder Patienten mit bemerkenswerten Geschichten ihres persönlichen Zusammenbruchs. Wir behandelten sie zuallererst mit der obligaten Durchuntersuchung, die über jede Körperöffnung das Innerste nach außen zu kehren trachtete, um so eine somatische Ursache und damit rational nachvollziehbare Erklärung zu finden. Manche erwiesen uns den Gefallen, dass sie alle Zeichen einer chronischen Gastritis hatten, litten unter erhöhten Blutdruckwerten oder aber zeigten in ihrer Anamnese hartnäckige Verdauungsprobleme oder unterschiedlichste Formen von Darmentzündungen. Einige Fälle von Tinnitus legten ebenfalls nahe, dass hier das Ohrgeräusch nicht die Ursache sondern eine Begleitreaktion eines anderen, viel tiefer liegenden Prozesses sein musste, der den betroffenen Menschen in seiner Gesamtkonstruktion in Frage zu stellen vermochte.

Bei den meisten jedoch waren die Symptome ein wirres Bündel von Befindlichkeitsstörungen und Ausdruck eines langandauernd hochgefahrenen und aus der Regulation gefallenen Stresssystems. Unisono ließen sich Schlafstörungen, Unruhezustände, zunehmende Ängste, den erlebten Anforderungen nicht mehr entsprechen zu können, feststellen. Dazu kamen Versuche, sich mit Aufputschmitteln fit zu machen und abends mit Alkohol und Schlafmitteln aus dem überdrehten Zustand wieder herunterzuholen. Irgendwann stand dann der Zusammenbruch als Endausbaustufe dieser Entwicklung ins Haus.

Wenn das somatisch orientierte Behandlungsarsenal erschöpft war, wurden die Neurologen und Psychiater zugezogen, die den Medizinschrank der Psychopharmaka aufschlossen, Schlafkuren, Arbeitskarenz und entsprechende langfristige medikamentöse Einstellung propagierten. Und ich durfte unbeachtet und – ich gebe es offen zu – von meiner Neugierde getrieben unbehelligt, da unter dem Schutz einer sehr einfühlsamen Stationsschwester, mit den Patienten Gespräche führen. Nicht, weil man sich davon irgendetwas versprach, sondern weil man es ganz sicher für bedeutungslos hielt. Wir bewegten uns damals schließlich in einer Zeit, in der Psychotherapie noch den Nimbus von Unanständigkeit hatte und nahezu jeder gestandene Psychiater, dem sein Ruf als ernstzunehmender Mediziner wichtig war, darauf achtete, lautstark einen weiten Bogen um dieses unseriöse Ding zu ziehen. Abgesehen von wenigen Mutigen, denen allerdings viel zu verdanken ist, wurde mit den neuen Ansätzen von Gestalttherapie, Psychodrama, Gesprächspsychotherapie, Gruppendynamik oder gar Körpertherapie nur heimlich kokettiert. Fürs „Reden" gab es schließlich den Gewerbeschein „psychologische Beratung", den jeder, vom Andenkenverkäufer über die berufene Hausfrau bis zum Tierpfleger, anstandslos lösen konnte.

Meine Faszination war perfekt, wenn ich unseren Patienten lauschte, während sie eine immer andere und trotzdem auf magische Weise immer gleiche Geschichte ihres Verfalls beschrieben. Meine Ratlosigkeit allerdings auch. Was war mit diesen Menschen geschehen, die jetzt vielfach wie ein Schatten ihrer selbst auf unseren Gängen herumschlichen, sich wie Frischoperierte nur mit Begleitung bis in den Garten vorkämpften und einen zu ihren Laborparametern so widersprüchlich hoffnungslosen Gesichtsausdruck trugen. Das waren doch vielfach Menschen, die es, wie man so sagte, in ihrem Leben zu etwas gebracht hatten, Manager, Schauspieler, Wissenschaftler, Ärzte, Rechtsanwälte mit großen Kanzleien, Unternehmer oder solche aus der Klasse von Reich und Schön. Was konnte schon in so einem Leben so schief gehen, dass sie alle meinten, einfach nicht mehr weitermachen zu können? Oder waren hier vielleicht endogene, möglicherweise genetische Faktoren im Spiel, die bei Erreichung irgendeiner unsichtbaren Zeitmarke magisch darüber entschieden, ob der eine einer langanhaltenden Arbeitsbelastung gewachsen war, während der andere davon in unverhinderbarer Weise arrodiert und durch die Arbeitswelt zur Strecke gebracht wird? Ging es darum, Menschen mit Schutzfaktor von jenen mit einem Gefährdungsfaktor unterscheiden zu lernen, um dies eventuell in die Berufs- und Karriereplanung mit einbeziehen zu können? War es vielleicht an der Zeit, der bitteren Wahrheit ins Auge zu blicken, dass sich schlichtweg nur „Träger des egoistischen Gens“, (Dawkins vulgärevolutionistische Haltung war damals als Erklärungsmodell äußerst en vogue) für Spitzenpositionen eigneten?

Auch heute bin ich der festen Überzeugung, dass es „Schutzfaktoren“ gegen Burnout gibt, die immunisieren. Allerdings finden sich diese nicht auf einem gefällig niederzunagelnden Genlocus, sondern in einem auf den ersten Blick komplex anmutenden, jedoch grundsätzlich jedem zugänglichen Mindset begründet.

Die Krux an der Sache liegt darin, dass es massive Interessen gibt, alles so zu belassen, wie es ist. Personalisiertes Burnout, das heißt der persönliche Zusammenbruch von einzelnen Personen, ist der Gesellschaft lieber, als die wirklichen Ursachen zuzugeben. Aber Burnout ist nicht das Ausbrennen von einzelnen Individuen, die – das dürfen wir uns dann in der Gewichtung aussuchen – entweder persönlich zu wenig belastbar sind oder von einem inadäquaten Anforderungsberg erschlagen worden sind, obwohl es immer so aussieht. Das ist nur die Burnout-Lüge, die unsere Gesellschaft erfunden hat. Die Sache geht viel tiefer, erwächst direkt aus unserem innersten Betriebssystem, und dort soll nach Möglichkeit keiner hinschauen, hinfühlen oder gar hindenken. Die Burnout-Lüge soll uns vom eigentlichen substantiellen Problem des drohenden Systemkollaps ablenken, dem Gesellschaftsburnout und seinen wirklichen Gründen. Der einzelne Burnout-Patient ist sensibler Protagonist und „blinder Seher" der zu Grunde liegenden, unsere Zukunft vernichtenden tektonischen Verschiebungen im Untergebälk unserer tragenden Gesellschaftsstruktur. Er wird belächelt oder bedauert und rasch in den Hinterhof eines mechanistisch-reduktionistischen Medizinsystems geschickt. Dabei wird auch nicht darauf vergessen, ihn selbst noch vielfach zu kommerzialisieren.

Doch all dies war mir damals nicht einmal in Ansätzen klar. Auch ich erlag dem simplen Charme des Erklärungsmodells der Überarbeitung, das noch dazu von jedem Patienten durch seinen Bericht, sich den Arbeitsbelastungen nicht mehr gewachsen zu fühlen, Ohnmacht vor einem als unüberwindbar aufgetürmten Berg von Anforderungen zu empfinden, genährt wurde. Also entwarf auch ich mit meinen Klienten „Arbeitsbelastungsreduktionspläne", Dienst nach Vorschrift, Modelle oder Delegationsstrategien, die, würden sie auch andere, die die Mehrarbeit zu tragen hatten, unter enormen Druck setzen, zumindest meine Klienten möglichst freispielen sollten.

Parallel dazu widmete ich mich der Fahndung nach Risiko- oder Schutzfaktoren und war vor allem an der Prozesshaftigkeit der Entwicklung des Burnout-Syndroms interessiert. Es erschien mir immer wie ein Eisberg, dessen oberste Spitze lange schon aus dem Wasser ragt und dessen gewaltige, verborgenen und erschreckenden Eismassen irgendwann schließlich von Geisterhand über die Wasseroberfläche gehoben werden, um dann den gesamten Lebensraum auszufüllen. Was war die Kraft, die das zustande brachte?

Das sollte mich noch einige Jahre mit weiteren tastenden Arbeitshypothesen in meiner Praxis beschäftigen...

Burnout – aber wovon reden wir hier eigentlich wirklich? Der apokalyptische Reiter am Horizont

Markus ist gerade 38 Jahre alt geworden und hat alles erreicht, was man sich in diesem Alter wünschen kann und worauf man nach einem Abschluss summa cum laude und entsprechenden Postgraduate-Studien an einer amerikanischen Eliteuniversität hoffen darf. Ein schmuckes Innenstadtappartement in Frankfurt, weil dort das Hauptbüro seines Dienstgebers, eine global operierende Unternehmensberatung, stationiert ist, jede Menge maßgeschneiderter Anzüge, den obligaten Sportwagen, Vorgesetzte, die ihn rund um den Globus hetzen und dabei große Stücke auf sein Verhandlungstalent, seine Lösungskompetenz und seine „behavioural flexibility" halten. Sein innerbetriebliches strategisches Beziehungsmanagement ist großartig und immer am Puls der Zeit. Nie sieht man ihn mit den „falschen Leuten" ein Bier nach Dienstschluss trinken, der sowieso weit in den Nachtstunden liegt. Markus ist ein Mann mit Zukunft, nicht nur mit genagelten Schuhen.

Markus ist aber seit einiger Zeit auch ein Mann mit einem Problem, das so ernste Dimensionen anzunehmen droht, dass mich dieser Strahlemann, der jederzeit bei einer Football-Mannschaft anheuern könnte, nach einem Vortrag anspricht und um einen Termin in meiner Praxis bittet. In dem, was ich gerade beschrieben habe, würde er sich zu genau abgebildet wiederfinden, um noch weiter wegsehen zu können. Jedes Telefonat wäre schon längst eine Qual für ihn, jede Auslandsreise ein Martyrium, und das, wo er zumindest zweimal die Woche nach Wien und von dort oft noch weiter in den SO-europäischen Raum fliegen müsse. Zumindest hätten wir auf diese Weise keine Probleme bei der Terminfindung, wenn ich flexibel mit Randzeiten sein könnte, meint er. Außerdem würde ich das Ganze dann ja sozusagen gleich „live" erleben und behandeln können.

Er befürchtet nämlich, dass er sich so etwas wie eine Flugneurose zugelegt hat. Er durchläuft immer ärger werdende Panikattacken, sobald er in den Flieger steigt. Bis jetzt ist es ihm gelungen, das Ganze zu verbergen, aber wenn er sein Grundgefühl beschreiben müsste, so ist es, als würde seine gesamte Energie aus ihm herausfließen. Er fühlt sich zunehmend leer, ausgehöhlt. Schon morgens beim Aufwachen kommt ihm der Tag wie ein unüberwindbarer Berg vor, der drohend vor ihm steht. Hartnäckige Rückenschmerzen im Bereich der Lendenwirbelsäule quälen ihn nahezu den ganzen Tag und haben ihm das Jogging verleidet. Aber auch das scheint bereits egal, er findet sowieso nicht die Kraft, sich dazu aufzuraffen. Eigentlich möchte er sich nur mehr verstecken, mit niemandem reden müssen, die Decke über den Kopf ziehen, keine Präsentationen mehr halten oder Verhandlungen führen und dabei noch souverän wirken. Natürlich hat er sich mit Aufputschmitteln beholfen und in den letzten Monaten auch eindeutig zu viel Koks konsumiert, aber dieses Sinnlosigkeitsgefühl, das aus der Tiefe in ihm aufzusteigen droht, ist so unerträglich...

Und da ist dann noch die Sache mit Sabine, ursprünglich eine bequeme erotische Freundschaft in Wien, ohne feste Bindungsabsicht mit wechselseitigem Einverständnis der sexuellen Gebrauchskultur schwer beschäftigter Karrieremenschen. Sabine ist jetzt schwanger und hat ihn davon in Kenntnis gesetzt, dass sie mit 36 Jahren und im Hinblick auf das Karriereplateau, das sie erreicht hat, den Zeitpunkt für günstig hält und das Kind bekommen wird. Gleichzeitig damit hat sie ihn, Markus, entsorgt – fairerweise ohne weiteren Alimentationsanspruch. Er ist also ein Samenspender ohne weitere Verwendung. Wenn er es genau bedenkt, hatte gerade damit sein Zustand eine dramatische Wendung zum Negativen erfahren...

Manuela ist eine bildhübsche junge Frau. Nur dieser etwas leere Gesichtsausdruck, der auf eine langfristige Psychopharmakaeinstellung hinweist, um möglichst emotionsbereinigt durch den Alltag zu kommen, rückt ihre äußere Erscheinung und Geschichte in ein Licht, das die Ereig-

nisse der letzten Monate glaubwürdig erscheinen lässt. Sie hat es nämlich von außen betrachtet total fein getroffen, das große Los gezogen, wie alle ihre Freundinnen sicher neidvoll zugeben müssten. Manuela ist mit Paul verheiratet, der knappe fünfzehn Jahre älter als sie, dafür ein Immobilienmagnat der Wiener Innenstadt ist. Sie genießt mit ihm und ihren beiden Kindern ein sorgenfreies Leben. Eine Nanny, eine Haushälterin und ein Gärtner bilden eine stabile entlastende Organisationsstruktur, Paul ist für Männer seiner Finanzklasse vergleichsweise aufmerksam und, von situativen Ausrutschern abgesehen, treu, und Manuela kann sich neben der Betreuung ihrer Kinder und dem Gesellschaftsleben mit Paul der eigenen Instandhaltung ohne wesentlicher Einschränkung widmen. Wie kann also jemand mit einem derartig sorgenfreien Leben von zunehmenden Überforderungsgefühlen, gehäuften Attacken von Herzrasen, die von den besten Internisten vermessen und als nicht somatisch begründet attestiert sind, gravierenden Schlafstörungen, die ohne entsprechende Medikation unbeherrschbar anmuten, und einem generellen Gefühl steigenden Lebensüberdrusses berichten. Burnout – oder doch eher „Bore-out“, aber vielleicht liegt das ja nicht zu weit voneinander entfernt. In den letzten Wochen ist es Manuela erst um die Mittagszeit gelungen, ihr Bett zu verlassen und die Morgentoilette zu bewältigen. Wenn die beiden Kinder aus der Schule gebracht wurden, löste deren Lebendigkeit und Wunsch nach Kommunikation nur Verzweiflung bei ihr aus. Paul hatte, was als ein durchaus ernstzunehmendes Problem gesehen werden muss, bereits mehrere Abendveranstaltungen ohne sie wahrnehmen müssen, da sie der Gedanke, auf so viele fremde Menschen zu treffen, in unstillbare Weinkrämpfe gestürzt hatte.

Dabei fühlt sich Manuela nicht wirklich deprimiert. Ihr vorherrschendes Gefühl ist einfach totale Erschöpfung, bleierne Gliedmaßen, unendliche Müdigkeit, als wäre sie ihr ganzes Leben durch eine Wüste geirrt und würde jetzt nicht mehr können. Endlos lange ist ihr unerklärliches Verhalten für Paul sicher nicht mehr tragbar, so denkt sie selbst ...

Process in progress

Friedrich ist ein 46-jähriger, etwas ängstlich strukturierter Postbeamte. Ein hartnäckiges, feinschlägiges Zwinkern hat sich in seinem rechten Oberlid eingenistet. Es mutet fast so an, als würde er mit mir in eine Art nonverbalen konspirativen oder gar auffordernden Dialog treten wollen, während er seine Geschichte erzählt. Aber Friedrich ist alles andere als zu Scherzen oder Anmache aufgelegt. Immer wieder blickt er sich hastig nach imaginärer Bedrohung in meinem Sprechzimmer um, um dann wieder den Kopf wie eine Schildkröte zwischen seinen hochgezogenen Schultern zu verstecken. Begonnen hat alles, wie er zu diesem Zeitpunkt unseres ersten Anamnesegesprächs noch glaubt, mit dieser verdammten Umstrukturierung und seiner damit unvermeidlichen Versetzung von der Paketverwaltung zum Schalterdienst. Die Verantwortlichkeit für die Kassaführung stresst ihn so, dass er in einem Kreislauf von Angst, Schlaflosigkeit und Auslieferungsgefühlen versinkt. Längst hasst er alle Schalterkunden aufs Tiefste. Er fühlt sich von ihnen feindselig beobachtet und von ihrer Ungeduld unter Druck gesetzt. Dazu kommt, dass er sich, immer schon zur körperlichen Selbstbeobachtung neigend, physisch sehr angegriffen fühlt. Ein Infekt löst den anderen ab. Den ganzen Winter und Frühling über leidet Friedrich unter nie wirklich ausheilenden grippalen Infekten, die er dem Schalterdienst zuschreibt. Aber auch im Frühsommer wird es nicht besser. Das grundsätzliche Gefühl von Schwäche, Auslieferung und hohem Stress schon am Morgen zu Arbeitsbeginn sind ihm zu viel. Immer wieder muss er unter den verschiedensten Vorwänden und körperlich vielgestaltigen, diffusen Beschwerdebildern, die eine ausgedehnte ergebnislose Gesunden-Untersuchung nach sich ziehen, Pausen im Rahmen von Krankenständen einlegen.

Dann wird bei seiner Frau, die eine besonders stützende Funktion für seine Persönlichkeit übernommen hatte, eine chronische Autoimmun-

erkrankung festgestellt. Der Fokus der Aufmerksamkeit verschiebt sich zwangsweise. Aufwändige Untersuchungen, Krankenhausaufenthalte, eine Operation und ein längerer Kuraufenthalt folgen. Friedrich allein zu Haus erlebt eine völlige Dekompensation seiner Beschwerden. Abends konsumiert er größere Mengen Alkohol, um seine Ängste vor dem nächsten Tag niederkämpfen zu können. Auf der Fahrt mit der U-Bahn zum Arbeitsplatz häufen sich plötzlich auftretende Attacken von Panik und Atemnot, die ihn zwingen, vorzeitig auszusteigen. Schließlich kommt es bei ihm zu einem Gesamtzusammenbruch, der eine achtwöchige Stationierung auf einer neurologischen Abteilung nach sich zieht. Jetzt sitzt er zur Nachbetreuung bei mir…

Sonja ist 44 Jahre alt und Verkaufstrainerin in der hausinternen Schulungsakademie eines internationalen Wäschekonzerns. Eine große, schlanke Frau mit grundsätzlich äußerst gepflegtem Auftreten, das jedoch nun einige Zeichen von „Verwilderung“ trägt und gerade noch von der Selbstverständlichkeit jahrelanger Disziplin vor dem Abrutschen in die Ungepflegtheit bewahrt wird. Disziplin in ihrer eisernen Form zählt sicher zu Sonjas lebensbestimmenden Grundkompetenzen.

Als sie nach einer kargen, von Verlusterlebnissen geprägten Kindheit als Lehrmädchen für den Einzelhandel in den Konzern eintritt, erscheint ihr dies die erste wirkliche Chance in ihrem Leben auf Anerkennung und eine selbständige Zukunft. Die Dienstkleidung verleiht ihr Zugehörigkeit, ihre Filialleitung schätzt sie wegen ihres unermüdlichen Einsatzes, ihrer schnellen Auffassungsgabe und hohen Teamfähigkeit. Rasch gelingt ihr – entsprechend der Politik des Konzerns, Identifikation mit dem Unternehmen zu honorieren – der Aufstieg zur Leitung einer eigenen Filiale an einem prestigereichen, stark frequentierten Standort. Als Führungsverantwortliche zeigt sie auffallende Umsicht und ist bei ihren Mitarbeiterinnen wegen ihrer stark prosozialen Haltung enorm beliebt. Es wundert niemanden, dass Sonja in das kleine Entwicklungsteam geholt wird, dem auf Vorstandsbeschluss der Auftrag zuteil wird, eine interne Schulungsakademie aufzubauen. Sonja ist in ihrem Element und wirft sich mit einer weiteren Kollegin und einer älteren Vorgesetzten voll Elan in die Gestaltung dieser Aufgabe. Inzwischen ist sie 34 Jahre alt, bei ihren Schwestern und Freundinnen hat sich längst Nachwuchs eingestellt, und auch Sonjas Ehemann Bernhard fühlt sich für die Vaterrolle bereit.

Doch der Moment scheint Sonja äußerst ungünstig für Schwangerschaft und nachfolgende Karenz, wenn sie das Entwicklungsprogramm für das Verkaufspersonal ins Kalkül zieht, das es umzusetzen gilt. Das bleibt auch so, sodass sie, als sie zwei Jahre später durch einen Verhütungsfehler schwanger wird, gegen den Protest ihres Mannes und aus dem Gefühl heraus, ihre Kolleginnen und die ganze Aufbauarbeit sonst zu verraten, eine Abtreibung vornehmen lässt. Sie tut das, obwohl sie ihren eigenen Kinderwunsch stark wahrnimmt und nachfolgend monatelang unter Alpträumen und Schlafstörungen leidet. Längst lebt Sonja nur mehr für ihre beruflichen Ziele. Ein zunehmender Energiemangel, der im krassen Gegensatz zur Forderung steht, als Trainerin eine stets perfekte, optimistische und mitreißende Aura zu besitzen, höhlt sie zunehmend aus. Sie zieht sich von ihren Freunden zurück, erlebt sich von ihnen missverstanden. In der Beziehung kommt es zu einem beginnenden Abrücken der Partner von einander. Als sie anlässlich ihres vierzigsten Geburtstags auch das Thema „Kinder" für abgeschlossen erklärt, entsteht ein endgültiger Riss in der Paarbeziehung. Es wird noch knapp zwei Jahre dauern, bis ihr Mann sie eines Abends mit der Eröffnung überrascht, dass eine andere Frau von ihm schwanger sei und er nun die Scheidung möchte. In der Zwischenzeit hatte sich zwischen dem Ehepaar eine Decke zunehmenden Schweigens über den darunter liegenden Schwelbrand gebreitet.

Der Konzern expandiert und Sonja fällt die Personalentwicklung in den neuen Filialen im Ausland zu. Ein weiterer Höhepunkt ihrer Karriere, den sie allerdings nur mehr mit Medikamenten und verschiedenen Aufputschmitteln durchhält. Abends, in den immer gleichen Hotelzim-

mern, befällt sie ein dumpfes Sinnlosigkeitsgefühl, das sich nur mit großen Mengen von Alkohol dämpfen lässt. Zu diesem Zeitpunkt verlässt sie ihr Mann endgültig. Nur die zufälligerweise von ihrer Vorgesetzten gegebene Versprechung, ihr die Leitung der Schulungsakademie zu übergeben, die diese selber wegen einer soeben diagnostizierten Krebserkrankung zurücklegen muss, scheint sie vor dem Absturz in den gähnenden Abgrund zu retten.

Doch der Vorstand entscheidet anders. Die inzwischen prestigeträchtige Schulungsakademie soll eine akademische Leitung erhalten. Sonja ist aus dem Rennen und muss sich einer jüngeren, in Führungsfragen unerfahrenen Vorgesetzten unterordnen. Das Verhältnis zwischen den Frauen ist von Beginn an starken Spannungen ausgesetzt. Sonja leidet das erste Mal in ihrem Leben unter Schwierigkeiten, sich für Ihre Arbeit zu motivieren. Sie verpasst ihre Flüge, reagiert unbeherrscht in den von ihr moderierten Gruppen, bekommt erstmalig negative Feedbacks zu ihrer Schulungstätigkeit und entwickelt hartnäckige Schlafstörungen. So kommt es, als Sonja einmal völlig übermüdet einnickt, zu einem durch einen Adventkranz verursachten Zimmerbrand, bei dem sie mittelgradige Verbrennungen an einer Hand und an einem Oberschenkel erleidet und hospitalisiert werden muss. Bereits während des Spitalsaufenthalts treten massive Angst- sowie Versagensgefühle auf. Der Gedanke, nach dem Krankenstand wieder in ihr Unternehmen zurückzukehren, erscheint ihr unerträglich. Weinattacken und ein nachfolgender gänzlicher psychischer Zusammenbruch führen noch während des Spitalsaufenthalts auf der Dermatologie zur Einleitung der psychiatrischen Behandlung.

Wenn der Vorhang fällt

Margret ist 46 Jahre alt und am Ende, wie sie gleich zu Beginn festhält. Ihr Blick spricht von Flucht vor einem unsichtbaren Feind, dem sie sich schon längst ergeben hat. Zur Konsultation kann sie nur in Begleitung ihres Mannes Robert erscheinen, der drei Jahre älter als Margret ist und die Terminvereinbarung an ihrer Stelle getroffen hat. Sie hätte, so erklärt sie, das nicht mehr geschafft. Auch besteht sie darauf, dass Robert sie ins Sprechzimmer begleitet, ein Wunsch, den er ihr etwas widerstrebend erfüllt.

Etwa zur Mitte der Sitzung schicke ich ihn hinaus. Es wird deutlich, dass Robert von der Situation mit Margret bereits sehr konsumiert ist, ihm das Ganze selber schon gehörig zugesetzt hat und ganz dringend etwas geschehen muss, weil er sonst nicht mehr weiter mitspielt. Dabei wirken die beiden auf den ersten Blick wie ein durchschnittliches Paar in den mittleren Jahren. Ein Paar, das sich einen gewissen Lebenswohlstand und fast schon Unabhängigkeit von den beinahe erwachsenen Kindern erarbeitet haben könnte, in gesicherten beruflichen Positionen ohne Turbulenzen untergebracht erscheint und dessen größte Herausforderung nun in einer optimalen Gestaltung dieser mittleren Jahre liegen könnte. Auch wenn vieles diesen ersten Eindruck zu bestätigen scheint, ist es bei näherer Betrachtung doch ganz anders und beinhaltet viel mehr als eine Krise zwischen Margret und Robert.

Dabei war Margret, die Frau, die mir jetzt mit fettigen, ungewaschenen Haaren gegenübersitzt, eigentlich immer eine „brave“ Frau gewesen. Genauso, wie sie zuvor ein „braves“ Kind war, das seinen Eltern wenig Probleme bereitet und nach der Matura rasch begriffen hatte, dass es viel aussichtsreicher ist, in den Staatsdienst einzutreten, statt ihrem brennenden Interesse für Pflanzen mit einem Botanikstudium oder ähnlich wirren Ideen nachzugeben. Das bestätigte sich auch durch die recht frühe Ehestandsgründung mit Robert und die rasch aufeinanderfolgenden

Geburten der beiden ersten Söhne, die heute beide sehr erfolgreich studierten. Als Finanzbeamtin trug Margret zwar unspektakulär und freudlos, jedoch planbar und zuverlässig zum Familieneinkommen bei, seit der jüngere Sohn in die Schule eingetreten war.

Erwartungen zu erfüllen, war immer Margrets oberste Maxime. Das lässt sie nach außen zielorientiert bis ehrgeizig sowie genau und zuverlässig wirken und bereitet ihr im Inneren beständigen Stress. Im Amt nimmt sie eher eine Außenseiterposition ein. Ihre Rolle als „Finanzprüferin von Unternehmen" setzt ihr enorm zu. Nirgends fühlt sie sich willkommen, beständig hat sie das Gefühl, dass man ihr ausweichen, etwas vor ihr verbergen will. Ihre Arbeitsbelastung steigt beständig an, da es ihr äußerst schwer fällt, sich gegen Kollegen abzugrenzen, ebenso der „Erfolgsdruck" und die Vorgabe, unnachgiebig zu sein. Die Organisation des Familienlebens lastet zusätzlich nahezu vollständig auf ihren Schultern, die Erziehung von inzwischen drei Söhnen inklusive. Robert hat seinerseits mit dem Thema Abgrenzung keine Probleme, seine Hobbys sind ihm heilig und, wie Margret meint, wichtiger als sie. Als der jüngste Sohn eine sehr schwierige Pubertät durchlebt, in der Maturaklasse vorzeitig ohne Abschluss von der Schule geht und sie dafür von Robert wegen ihrer Nachgiebigkeit als Verantwortliche gesehen wird, beginnt ihr Leben aus den Fugen zu geraten. Der Finanzdruck, um die Kreditraten für das Einfamilienhaus, die Lebenskosten der drei noch wirtschaftlich abhängigen Söhne und die Erhaltung von Roberts Segelboot, das an der kroatischen Küste ankert, zu bestreiten, ist die Eintrittspforte für einen Kreislauf von Ängsten, Schlafstörungen und zunehmenden Überforderungsgefühlen. Im Amt fühlt Margret sich ihren Anforderungen nicht mehr gewachsen. Ihre Genauigkeit, ja ihr Perfektionsstreben, konsumiert zu viel Zeit. Sie beginnt, offene Akte mit nach Hause zu nehmen, ursprünglich, um diese in der Freizeit zu bearbeiten. Doch daraus wird nichts. Auch daheim scheinen die Wogen des Unerledigten immer mehr über ihr zusammenzuschlagen. Ein Gefühl von Hoffnungslosigkeit und Leere macht sich in ihr als Grundeinstellung breit. Beständig oszilliert sie zwischen Krankenstand und ein paar wenigen Tagen im Amt hin und her. Daneben quälen sie nervöse Durchfälle und Zitteranfälle. Der Stapel der unerledigten Akten wächst auf ihrem Nachttisch und neben ihrem Bett. Schließlich erträgt sie es nicht mehr und lagert die Finanzakten in den Gartenschuppen aus, wo sie von Robert knapp vor unserem ersten Termin gefunden werden....

Anka, 52 Jahre alt, im Hauptberuf Stationsschwester auf einer chirurgischen Abteilung und ansonsten, wie sie meint, 24-Stunden-Pflegekraft für ihren Partner, bringt Michael, 56 Jahre alt, in meine Praxis. Nach zehn Jahren Beziehung mit ihm kann sie einfach nicht mehr weitermachen und gleichzeitig weiß sie nicht, wie sie aussteigen soll. Sie selbst fühlt sich schon seit geraumer Zeit dem eigenen Zusammenbruch nahe. Eigentlich hätte das eine Paartherapie werden sollen...

Michael war praktischer Arzt, bis er vor zehn Jahren, gerade als er Anka kennenlernte, in Konkurs ging. So wie er vor mir sitzt, mutet es an, als müsse dies in einem anderen Leben gewesen sein. Wir sind per Du, entscheidet er kurzerhand und fällt sofort in einen Ton kollegialer Vertrautheit. Sein Haar ist dünn und strähnig und gibt den Blick auf ein breitflächiges Hautekzem auf der Kopfhaut, das sich bis auf die Stirn ausgebreitet hat, frei. Auch auf den Armen und seinen nackten Beinen, die aus knielangen Shorts ragen, stehen zahllose Pusteln und entzündete Kratzspuren eines juckenden Ausschlags in Konkurrenz miteinander. Während er mit einem etwas singenden Tonfall spricht, tauchen immer wieder ein paar verbliebene dunkle Zahnstummel auf. Die Zeige- und Mittelfinger beider Hände sind tief nikotingelb verfärbt und haben hartnäckige Schmutzspuren unter den Nägeln. Anka hat sich sicher Mühe gegeben, ihn auf Vordermann zu bringen und ihn in sauberes Gewand gesteckt. Aber der Mann ist ungepflegt, hat seine Körperhygiene im Sinne eines eigenen Anliegens längst abgeschrieben. Er ist ein eindeu-

tig „Verloschener". Egal, was er einmal war, heute sind nur mehr ausgebrannte Ruinenreste auf dem Weg zum endgültigen physischen Kollaps geblieben. Unruhig nestelt er an seiner Kleidung oder der Polsterung meines Sprechzimmersofas herum, während er erzählt. Eine Riesenpraxis hat er geleitet, die größte im Bezirk, bis zu 120 Patienten pro Tag, drei Ordinationshilfen. Ich nicke anerkennend, und er traut mir zu, einschätzen zu können, was das bedeutet. Daneben Rettungsarzt, Schularzt, als Konsilar die Betreuung eines Pensionistenheims und ein paar andere Nebentätigkeiten. Was sich eben so anbot. Dreimal verheiratet. Das kostet. Er macht eine Pause, bevor er die Details des Scheiterns dieser Ehen und die damit verbundene Kostenschätzung ausrollt. Ein Sohn, noch aus der Turnuszeit. Eine der üblichen Krankenschwesterngeschichten, winkt er ab, nichts Fixes, aber er hat immer pünktlich seine Alimente gezahlt, bis vor wenigen Jahren. Der Sohn hat schließlich lange studiert. Dreimal hat er ihn in seinem Leben gesehen. Früher wollte er nicht, war zu beschäftigt, jetzt hat der Sohn zu viel zu tun.

Sein Zustand ist Michael bewusst. Aber da kann man nichts mehr machen, meint er. Er fühlt sich wie ein leerer Sack, auch wenn er mehr nach dem Gegenteil aussieht, wobei er auf seinen aufgeschwemmten Bauch klopft. Das ist der Alkohol, gibt er freimütig zu. Braucht er zum Schlafen, gemeinsam mit einer Latte von entsprechenden Medikamenten. Er kennt sich da aus und ein paar Apotheker im Umkreis geben ihm, was er braucht. Schließlich haben die Knaben ja viele Jahre gut an seinen Verschreibungen verdient. Mit mir geht's bergab, meint er in einer seltsam sich selbst entfremdeten Art. Drei Lungenentzündungen vergangenen Winter, keine Widerstandskraft mehr, die Niere spielt auch nicht mehr lange mit und die Ekzeme vergehen selbst unter antibiotischer Dauermedikation, die er sich selbst verordnet hat, nicht mehr. Er kratzt sich aufwändig und ungeniert am Kopf, und Hautschuppen und Teile der Verkrustungen landen auf der Polsterung. Im Prinzip geht gar nichts mehr. Bis er aus dem Bett kommt, ist früher Nachmittag, dann zwei Stunden bis er sich so einigermaßen betriebsfähig fühlt, vielleicht ein Einkauf bei einem Diskonter, dann warten auf Anka, aber da hat er schon lange die erste Flasche aufgemacht...

Sechs, zugegeben ausgesuchte, Fallgeschichten aus meiner Praxis. Sechs Lebensgeschichten nenne ich das lieber, obwohl ich mit dem Nomenklaturwechsel von „Fallgeschichte“ zu „Lebensgeschichte“ das professionelle Terrain der Ärztin und Psychotherapeutin zu verlassen drohe und auf etwas schlüpfrigen Boden gelange, wenn ich nicht mehr in erster Linie die Person als Fallgeschichtenträger sondern auf sehr persönliche Art einen Menschen mit seinem Erleben vor mir sehe.

Wenn wir Mediziner uns einem Sachverhalt nähern, und das kann dann auch eine Erkrankung, ein ganzer Körper, beziehungsweise ein Teil davon sein, oder auch ein Patient, so erfolgt dies auf beschreibende Art. Diesem deskriptiven Modell haftet der Nimbus von Objektivität, Mess- und Wägbarkeit, also nach landläufiger Meinung von Wahrheit an. Außerdem schafft es Distanz zum Gegenüber. Auf diese Art bringen wir Licht ins Dunkel des Geschehens, denn diesem reduktionistisch-mechanistischen Ansatz liegt die Idee zu Grunde, dass, wenn wir alles immer weiter bis in seine Einzelteile, möglichst bis ganz runter auf atomare oder gar subatomare Ebene zerlegen und beschreiben, es also katalogisieren, wir die letztendliche Erkenntnis zum „So-sein“ des vorliegenden Dings vor uns liegen hätten.

Diese Überzeugung hält eine Menge Vorteile bereit, allerdings auch ein paar gravierende Nachteile. Doch es ist wie mit Versicherungsverträgen. Auf den ersten Blick eröffnet sich alles als gefügt und sicher, nahezu ideal, die deckungsfreien Eventualitäten finden sich nur im Kleingedruckten, das man erst dann liest, wenn es zu spät ist. Der Faszination, mithilfe dieses Denkmodells Kontrolle und Sicherheit, ja letztendlich Macht über Erkrankungen zu erlangen, entzieht man sich als Arzt nicht leicht, noch dazu wo doch die meisten von uns in ihrer psychischen Grundstruktur in der einen oder anderen Art eine vergleichsweise hohe Sehnsucht gerade nach dieser Macht mitbringen.

Außerdem kann man sich Fallsammlungen anlegen, über die Liebe zur Klassifikation scheinbare Ordnung schaffen, eine gemeinsame kollegiale Fachsprache entwickeln, an den Kanten dieses Modells immer weiter forschen und sich dabei habilitieren und bei Kongressen zum Wohl der versammelten Ärzteschaft und der abwesenden Patienten berichten. Es wundert also nicht, dass das Studium der Medizin, die ja bekanntlich heute unbestritten zu den Naturwissenschaften zählt, sein Jungvolk bereits vom ersten Tag an genau auf dieses Modell einschwört. Auf die Bibel des reduktionistischen Mechanismus muss der unbedingte Treueeid abgelegt werden. Wer hier zweifelt ist ein Ketzer, der die Klippen hinuntergestoßen wird. Und dabei hat die Medizin doch einmal ars medicinae geheißen...

In anderen Worten gesprochen: der Anilinarbeiter, der gegen Ende seiner Berufslaufbahn Hodenkrebs bekommt oder der schwere Raucher mit seinem Emphysem, das die Zielsetzung in den ersten Stock zu gelangen einer Mount Everest Besteigung gleichsetzt, sind uns lieber als die 38-jährige schlanke Nichtraucherin, deren plötzliche Beschwerden von einem Lungenkarzinom herrühren, obwohl wir bei ihr nicht einmal eine genetische Prädisposition ausmachen können. Die beiden ersten Fälle entsprechen unserem Kausalverständnis und Denkmodell von Krankheitsverursachung, der letzte Fall lässt uns ratlos zurück und ist uns peinlich. Burnout ist deshalb eine harte Herausforderung an unser Medizinestablishment, ja, wie keine andere Erkrankung eine laute und deutliche Infragestellung des unserem Denkmodell zu Grunde liegenden Paradigmas.

Das beginnt schon mit der Diagnose, also dem Versuch einer eindeutigen Feststellung, was Burnout wäre und was etwas anderes, zum Beispiel eine Depression sei. Der britische Taxonom John S. Kendall soll einmal gemeint haben, dass die Taxonomie (die systematische Erfassung der in der Natur vorkommenden Lebewesen und Strukturen, vergleichbar mit einem riesigen Karteikasten, in dem alles sein systematisiertes Fach erhält) die Kunst wäre, die Natur an ihren Gelenken zu zerteilen. Um in diesem Bild zu bleiben, stellt sich beim Burnout ganz rasch die Frage: Wie zerteilt man eine Qualle an ihren Gelenken?

Abgerichtet nach der verbindlichen Denkstruktur aller jungen Ärzte, wenn auch mit heimlichen Zweifeln, die mich immer ein wenig in den Gärten der neuen psychotherapeutischen Schulen grasen ließen, näherte ich mich ursprünglich dem Verständnis von Burnout mit der geforderten logischen, deskriptiven Methodik. Das heißt, ich stellte mir bei meinen PatientInnen die Frage, ob die „richtigen Symptome“ zu erheben wären, die die entsprechenden Kriterien eines Burnouts befüllen konnten, verglich, was bei den einzelnen Fällen gleich und was anders und eventuell ein Ausdruck von Variabilität wäre, ohne damit schon aus dem Diagnosekatalog herauszuragen, und versuchte das Phasenhafte, das mir besonders wesentlich im Hinblick auf die Prognose erschien, zu erfassen.

Ein genauso faszinierendes wie gleichzeitig frustrierendes Unterfangen, denn immer wieder schienen mir die mühsam herausgearbeiteten Gesetzmäßigkeiten anhand eines „neuen Falls“ zwischen den Fingern zu zerrinnen. Es war wie Spiegelfechterei. Kaum hatte ich scheinbar eine verbindliche Regelmäßigkeit isoliert und beim Schopf gepackt, entwand sie sich meinem Zugriff wie ein Aal und es blieben wieder nur unspezifische Gemeinplätze, wie die „Arbeitsüberlastung" über. Gleichzeitig war die Diagnose Burnout bei jedem Patienten eindeutig zu stellen. Es ging mir genauso wie Richard Bolles, der einmal zugab: „Burnout ist wie Pornographie. Ich weiß nicht genau, ob ich es wirklich definieren kann, aber wenn ich es sehe, erkenne ich es sofort."

Doch warum dieser Mensch und warum an diesem Arbeitsplatz? Wenn man einen Faden einer gewissen Zugkraft aussetzt, die seine Tragfähigkeit übersteigt, so reißt er irgendwann planmäßig. Das lässt sich todsicher immer wiederholen und zwar mit jedem Fadenstück desselben Knäuels beim immer selben Belastungsmaximum. Das galt aber nicht für alle Beschäftigte ein und desselben Unternehmens. Und was der eine als Arbeitsüberlastung beschrieb, bedeutete für den nächsten noch gar nicht einmal richtig in die Gänge gekommen zu sein. Eine klare Dosis-Wirkung-Beziehung war also nicht auszumachen.

Zumindest schien sich für mich in meiner persönlichen Hypothesenbildung ein nachvollziehbarer und erwartbarer Stadienablauf abbilden zu lassen. Warum wer wann und in welchem Berufskontext an Burnout erkrankte, blieb mir zu diesem Zeitpunkt wie allen anderen, die nicht bereit waren, sich mit Schnellschüssen zufriedenzugeben, zwar weitgehend noch ein Mysterium. Aber wie diese Erkrankung verlaufen würde, welche Phasen sie durchlief und wo ihr Endpunkt liegen würde, das und eine damit verbundene Ernsthaftigkeitseinschätzung für den Therapieansatz ließ sich wenigstens immer deutlicher umgreifen.

Wer einmal auf die schiefe Bahn kommt, wird immer schneller

Allen Burnout-Patienten gemeinsam ist eine am Anfang gelebte Haltung von enormem Engagement, Begeisterungsfähigkeit und hoher Beteiligung. Irgendwann ist das die Eintrittspforte zum inneren Wunsch, unbedingt erfolgreich sein zu wollen, sich über äußeren Erfolg definieren zu müssen, eine fatale, wenn auch zumeist unbewusste Entscheidung, denn daraus resultiert ein sich immer weiter aufbauender Druck, ja man könnte es durchwegs auch Zwang zum Erfolg nennen, dem letztendlich für die Erreichung dieses Ziels nichts zu teuer ist, und sei es die Vernachlässigung eigener Bedürfnisse.

Michael hat schon als junger Arzt und natürlich unter dem Deckmantel der „Unersetzbarkeit für seine Patienten" sowie gesellschaftlichem Schulterklopfen, seine Bedürfnisse grob hintanzustellen begonnen, Sonja hat sogar ihren Kinderwunsch verleugnet, um entsprechend zu „funktionieren", und Markus wird einiges an Therapie brauchen, um von seiner Verbissenheit beim Erreichen gesteckter Ziele lassen zu können, ohne damit gleichzeitig das Gefühl zu entwickeln, seine Lebensberechtigung verwirkt zu haben.

Aber seien wir ehrlich, und spüren wir alle jeder für sich an diesem Punkt nach Resonanz in unserem Inneren. Wer von uns hat in dieser Welt, die viel darin investiert, uns glauben zu machen, dass materieller Erfolg mit Lebenserfolg gleichzusetzen ist, noch nie die Zähne zusammengebissen, persönliche Bedürfnisse nach Ruhe und Entspannung hintangestellt und seine Freunde und Familie nachgereiht, um der Aussicht auf beruflichen Erfolg näherzukommen? Gerade Menschen mit großer Leistungsbereitschaft und inhaltlicher Vision akzeptieren im

Gegenzug für die Erreichung ihrer Ziele unter der Devise „ohne Fleiß kein Preis" fast naturgesetzartig, dass eigene Bedürfnisse verdrängt und oft dramatische Selbstbeschränkung geübt werden muss. Es ist also ganz leicht und nahezu verführerisch, die ersten Schritte auf diesem Tanzparkett zu setzen, auf dem man sich dann später den Hals brechen wird. Und dann kommen zukünftige Burnout-Patienten an eine Weggabelung und nehmen von einer nahezu magischen Anziehung bedrängt, oft sehenden Auges, die falsche Abzweigung. Sie bemerken zwar, dass etwas ganz und gar nicht mehr stimmt, und die Vernunft sagt ihnen, dass sie zurückfahren müssten, aber sie drängen immer wieder eigene Bedürfnisse nach Ruhe und klarer Positionierung ihrer eigentlichen Lebensziele zurück, zugunsten der momentanen Anforderungen für das als unhinterfragbar erlebte, gerade aktuelle Ziel. Es beginnt sich eine Schere zwischen tatsächlicher Befindlichkeit und nach außen gezeigtem Optimismus aufzutun. Eine erste Idee von Überforderung blitzt auf, begleitet von existentiellen Bedrohungsgefühlen. Rückzug von der Umgebung und Heimlichkeiten beginnen in den Alltag Einzug zu halten. Das Gefühl, sich dopen zu müssen, um weitermachen zu können, begünstigt den Griff zu Aufputschmitteln, kleinen Glücklichmachern, Selbstmedikation und anderem Suchtmittelgebrauch.

In seiner Praxis war Michael der strahlende „Gott in Weiß". Eine Fassade, die es ihm jahrelang mit einem entsprechenden Medikamentencocktail, größeren Mengen von Alkohol nach Dienstschluss und einer Sexsucht, die ihm, wie er es nannte, den „Lebenskick" gab, aufrecht zu erhalten gelang. Emotional ist diese Phase von Desorientierung geprägt. Eine schleichende Umdeutung von Werten setzt ein. Das Druckgefühl steigt, Wichtiges kann von Unwichtigem oftmals nicht mehr unterschieden werden, der Zeitbegriff leidet. Gleichzeitig breitet sich ein großräumiger, die Gesamtheit der eigenen Existenz jeder kritischen Reflexion entziehender Verleugnungsprozess aus. Hinweise von nahestehenden Personen werden als Feindseligkeit erlebt. Der Tonfall des Gegenübers war nicht adäquat, die Wortwahl eine Beleidigung, der Ort, der Zeitpunkt falsch gewählt, lieblos und unsensibel. Immer passt irgendeine Kleinigkeit an der Form der Ansprache nicht, in die sich der Burnout-Kranke verbeißt, um so einer Auseinandersetzung mit dem gefährlichen weil kritischen, sein Tun hinterfragenden Inhalt aus dem Weg gehen zu können. Es kommt gleichsam zu einer selbstgewählten Einmauerung, die dem Betroffenen selbst jedoch uneinsichtig ist. Er fühlt sich von den anderen unverstanden, verlassen, ausgebeutet, was eine zynische Weltsicht zunehmend plausibler macht und damit die Einleitung des Rückzugs von eben diesen sowieso nur „missverstehenden“ oder „übelwollenden“ falschen Freunden oder lästigen Angehörigen als logische Konsequenz nach sich zieht. In dieser fast paranoid anmutenden Weltsicht können Unterstützung, Aufmerksamkeit oder Kontaktversuche der Umgebung nicht mehr angenommen werden. Die Tür fällt zu.

Doch der Rückzug ist nicht die Lösung, sondern letztendlich die unwissentliche, jedoch in ihrer Folge einem grausamen Räderwerk gleichende Entscheidung, den eigenen Kopf auf der Guillotine zu platzieren. Denn mit dem Verlust eines äußeren sozialen Korrektivs und emotionalen Stützsystems befindet sich der Burnout-Patient in seiner Isolation in der zermahlenden Mechanik einer Abwärtsspirale. Nicht umsonst gehen in dieser Phase des Geschehens Beziehungen und Ehen endgültig in die Brüche. Michael singt das strophenreiche Lied der Scheidungen von seinen ihn ausbeutenden Frauen. Margret fühlt sich von ihrem Mann unverstanden und allein gelassen. Sonja verzeiht Bernhard seinen „Betrug" rund um den Kinderwunsch nicht.

Was dann kommt, scheint schon auf fixen Schienen zu laufen. Gefühle von Hoffnungslosigkeit und Orientierungslosigkeit nehmen überhand. Das Gefühl, von allen unverstanden zu sein, allen Menschen, die einem irgendwann nahe standen, entfremdet zu sein, sich wie hinter einer Glaswand zu fühlen, etabliert sich als Grundemotion und gräbt letztendlich auch das Selbstgefühl, die Wahrnehmung des eigenen Selbst ab. Die Depersonalisierung erreicht ihren Höhepunkt, wenn der betreffende Mensch sich selbst als Fremder gegenübersteht. Desillusionierung und emotionale Verflachung sind vorherrschend. Eine tiefe Selbstverneinung, die sich bis zur Vernachlässigung der eigenen Hygiene erstreckt, tritt auf.

Ohne die Führung und Insistenz von Anka wäre Michael vor unserem Termin, den er auch nur an ihrer Hand wahrzunehmen vermochte, sicher nicht in die Dusche gestiegen.

Der letzte Akt des Dramas wird von einem fast unerträglichen Gefühl der inneren Leere beherrscht. Um diesen Zustand der Nutzlosigkeit und Aufzehrung noch halbwegs auszuhalten, sind Drogen, Alkohol und Aufputschmittel ständige Begleiter der Tagesorganisation. An diesem Punkt wird einem einfach alles egal. Die Verzweiflung und die Erschöpfung haben das Ruder vollends übernommen und sind oft die einzigen wahrnehmbaren Gefühle. Initiative und Motivation sind am Nullpunkt angekommen, die Depression ist manifest geworden. Ein starkes Symptom ist hier der Wunsch nach Dauerschlaf. Suizidgedanken tauchen auf. Häufig bricht hier auch das Immunsystem zusammen, Infektanfälligkeit und ein vielgestaltiger Katalog körperlicher Beschwerden treten auf.

Der Mensch im Vollbild und Endstadium des Burnout hat sich längst in „seiner Höhle“, „seinem Verschlag“ eingeigelt und seinem Schicksal, einer fortlaufenden Auslöschung seiner selbst, ergeben. Er brennt im wahrsten Sinne des Begriffs aus, bis keine Energie mehr in allen seinen Systemen ist, die parallel zu diesem Prozess, wie in einem Shutdown, zunehmend heruntergefahren werden.

Burnout ist so gesehen eine wirklich tödliche Erkrankung.

Sie trägt die Potenz in sich, in unterschiedlichster Form Lebendigkeit zu terminieren, bis hin zum physischen Tod des Organismus. Der schleichenden Entmenschung und Entkulturalisierung folgt der langsame physische Arrosionsprozess, oft durch Suchtmittel unterstützt, bisweilen ein langsames Dahinvegetieren auf einer niedrigen Organisationsstufe von Lebendigkeit und Lebensgestaltungsmöglichkeit, manchmal auch, angesichts einer erlebten Unaushaltbarkeit dieser Lebenssituation, eine aktive Selbsttötung.

Burnout ist eine Regulationskrankheit des gesamten Menschen, eine Erkrankung, die wie keine andere die Verwobenheit von körperlichen, mentalen und seelischen Prozessen vor Augen führt und nur durch einen holistischen, also ganzheitlichen Ansatz verstanden werden kann. Burnout ist aber noch viel mehr. Jeder Burnout-Patient ist eine eindringliche Warnung vor einer drohenden gesellschaftlichen Gesamtkatastrophe. Diese Botschaft zu deuten, würde mich allerdings noch einige Zeit kosten...

Interdependenz – das dynamische „misfit"

Aber warum erkrankt eine bestimmte Person in einem spezifischen Arbeits- und/oder Lebensumfeld, während es einer anderen gelingt, wenn schon nicht wie der sprichwörtliche Fisch im Wasser, so doch zumindest unbeschadet sich im selben Terrain zu bewegen?

Damit es mir möglich wurde, in diese Frage wirklich sinnvoll einzudringen, war es notwendig, mich von einem statischen Ursache-Wirkungsprinzip frei zu machen und mich auf das Wagnis einzulassen, Menschen und ihr spezielles Arbeits- und Lebensumfeld als ein jeweils individuelles dynamisches Ganzes, als ein interdependentes Feld sehen zu lernen.

Dass für die Entstehung von Burnout zwar grundsätzlich förderliche Aspekte von Seiten der Organisation und des Lebensumfelds wie auch von Seiten des Individuums selbst auszumachen sind, dies aber für das tatsächliche Auftreten von Burnout nicht entscheidend ist, war dabei eine wesentliche Erkenntnis. Die finale Weichenstellung erfolgt in einem absolut persönlichen Tanz zwischen dem Einzelnen und seinem Umfeld. Dies zu verstehen, war ein entscheidender Schritt für die Entwicklung einer Sicht auf Burnout, die in der Folge der tatsächlichen tieferen Bedeutung dieses Syndroms gerecht werden konnte. Letztendlich erwies sich das rückblickend auch als der Schlüssel zur Abkehr von einem Behandlungsansatz, der entweder die Organisation verteufelt oder aber auf der anderen Seite auf die Wunde des Burnout-Patienten ein Pflaster klebt, um ihn damit ruhigzustellen.

Die Begegnung mit Roswitha lehrte mich in diesem Punkt Wesentliches. Sie demonstrierte für mich diesen Balanceverlust, dieses ganz persönliche „misfit" zwischen dem Individuum und seinen erlebten Anforderungen, in eindrucksvoller Weise und befreite mich so von der Altlast, weiterhin einseitig in der Arbeitswelt den Hauptschuldigen sehen zu müssen:

Roswitha kommt auf Anraten ihres Internisten zu mir zur Behandlung. Burnout ist seit langem ein Thema, das sie in ondulierender Form begleitet. Sie hat immer um den Rand herum oszilliert, wie sie es beschreibt, ein paar Monate Krankenstand mit ein paar Tagen Arbeit dazwischen, dann die Sommerferien, den Herbst irgendwie durchstehen, dann wieder Weihnachtsferien und eine Grippe. So ging das seit Jahren, aber die letzten Monate gestalteten sich zunehmend bedrängender – jetzt geht eigentlich nichts mehr. Wir vereinbaren gleich einen Termin für den mittleren Nachmittag, denn zu einem früheren Zeitpunkt des Tages ist es ihr derzeit nicht möglich, es pünktlich zu schaffen, da sie für alle Verrichtungen der Selbstorganisation bereits eine lange „Vorlaufzeit" braucht.

Eine knappe Woche später sitzt mir eine abgekämpfte, unrastige Frau gegenüber, deren Verzweiflung auch für den ungeübtesten Beobachter greifbar wäre. Roswitha ist 48 Jahre alt, hat eine erwachsene, studierende Tochter, lebt mit Kurt, der Pädagoge ist, seit seiner Scheidung vor sechzehn Jahren in einer Lebensgemeinschaft und ist ebenfalls Pädagogin in einer Berufsschule. Die Schule hat sie ausgehöhlt, Schicht für Schicht aus ihr herausgekratzt, und jetzt ist nur mehr eine dünne Hülle von ihr da, entwirft sie ein Bild, das ihren Zustand illustrieren soll. In den Jahren davor ist es noch gegangen, doch die letzten Monate haben sie nun endgültig in die Knie gezwungen. Ich bitte sie, zu erzählen, und höre eine seltsam anmutende Geschichte, die eigentlich ein Anti-Burnout-Programm einer kooperativen, Burnout-präventiven Organisation sein könnte. Bis auf ein paar sehr persönliche Kleinigkeiten.

Ursprünglich hat Roswitha mit großer Freude die Gelegenheit ergriffen, vor zweiundzwanzig Jahren in die Berufsschullehrerlaufbahn einzutreten, statt den ungeliebten väterlichen Betrieb mit all den bestehenden

Problemen mit den Angestellten, dem Pachtvertrag für die Betriebsstätte und den anspruchsvollen Kunden alleine weiterführen zu müssen. Ihr Vater hatte sie, die sich eigentlich für Kunst, Musik und Ballett interessierte und auch seit ihrer Kindheit im Ballett der Oper getanzt hatte, mit Ende der Schulpflicht und gegen ihren Protest in den entsprechenden Lehrberuf gesteckt, damit sie den florierenden Betrieb einmal weiterführen sollte. Schließlich war er sich und allen anderen der Fachgruppe dies als Innungsmeister schuldig. „Da kann das einzige Kind nicht blöd herumhupfen." Statt Ballettschuhen gab es fortan nur mehr Arbeitsschuhe mit dicker Profilsohle an Roswithas Füßen. Doch Roswithas Vater, der neben seiner Geschäftstüchtigkeit und der Geradlinigkeit seines Weltbilds, besonders unter Alkoholkonsum, auch häufige tyrannische, cholerische Attacken und einen damit verbundenen stark erhöhten Blutdruck zu bieten hatte, erlag vorzeitig einem Schlaganfall, sodass Roswitha ziemlich unvorbereitet den väterlichen Betrieb alleinverantwortlich übernehmen musste. Bisher hatte sie der Vater trotz ihrer bereits mit Bravour bestandenen Meisterprüfung auch vor allen Angestellten wie das letzte Lehrmädchen behandelt. Jetzt sollte sie plötzlich die Chefin für eine Truppe von dreißig Arbeitern sein, die lange Zeit unter einer autoritären Führung gelitten hatten. Dazu kam ihre Verpflichtung für ihre zweijährige Tochter, die zwischen Büro, Kundenbesuchen und Werkhalle aufwuchs. Der Kindesvater hatte sich rasch als ein unzuverlässiger und vorwiegend gegenüber anderen Frauen charmanter Typ erwiesen, dessen größte Kompetenz darin lag, Geld für seine diversen Unternehmungen aus der Betriebskasse zu entnehmen.

Das Angebot, in die Berufsschule zu wechseln, erschien Roswitha daher wie ein Geschenk des Himmels. Die Arbeitsstunden muteten läppisch an, im Vergleich zur Achtzig-Stunden-Woche, die sie gewöhnt war. Neun Wochen Urlaub im Sommer, Weihnachtsferien, Osterferien, Fenstertage – aus Roswithas bisherigem Blickwinkel weniger als ein Halbtagsjob. Auf das Unterrichten freute sie sich. Als Betriebsleiterin hatte sie im-

mer ein besonderes Naheverhältnis zu den Lehrlingen gespürt, einen auffallend guten Draht zu ihnen gehabt, auf sie eingehen und so manchen Obstinaten davon überzeugen können, dass ein abgeschlossener Lehrberuf besser wäre, als ein Hilfsarbeiter-Dasein. Erstmals seit langem schien die Welt angenehm gefügt zu sein.

Ein paar Jahre später ergab sich an der Schule die Beziehung mit dem gleichaltrigen Kurt, der Roswitha wegen ihres Elans und Optimismus, mit dem sie das Schulleben beflügelte, als seine Traumfrau erkannte, nachdem er sich endlich von seiner schwer depressiven Frau gelöst hatte.

Vor fünf Jahren erlebt Roswitha dann erstmals einen seelischen Einbruch. Sie tritt verfrüht in die Menopause ein und hat massiv mit ihrem Selbstbild als Frau zu kämpfen. Das umso mehr, als Kurt gerade zu diesem Zeitpunkt einen Kinderwunsch äußert, der trotz massiver hormoneller Stimulation als letztendlich unerfüllbar akzeptiert werden muss. Roswitha, die gewohnt ist, sich mit eiserner Disziplin alles abzuverlangen und damit bisher immer erfolgreich war, erlebt sich als Versagende. Gleichzeitig steht das Paar unter enormem finanziellem Druck. Die Schulden für das sehr exklusive Eigenheim sind als ständige Mahnung präsent und Kurt muss seiner Ex-Frau, um seiner Kinder willen, finanziell stärker unter die Arme greifen, als dies die Alimentationsforderungen vorgesehen haben, da diese durch ihre Depression nun endgültig langfristig arbeitsunfähig ist.

Roswitha entwickelt die Überzeugung, funktionieren zu müssen. Alte Gefühle, nicht als eigenständiger Mensch gesehen und geliebt zu werden, sondern nur über die gegebene Leistung Wertschätzung erlangen zu können, tauchen nun sowohl in der Beziehung zu Kurt wie auch in ihrem beruflichen Umfeld auf. Durch ihr weit über ihre fachlichen Aufgaben hinausreichendes Engagement für die Schüler hat sie längst verschiedene Zusatzaufgaben übernommen. War sie früher durch ihre Position als Problemlöserin für die oft in schwierigen sozialen Verhältnissen lebenden Lehrlinge und dem damit im Lehrkörper verbundenen Ruf inspiriert, beginnt sie jetzt zunehmend Entfremdung, Gefühle von Ohnmacht und Sinnlosigkeit zu erleben. Dies erreicht nach einem gemeinsamen Heurigenbesuch des Lehrkörpers in feuchtfröhlicher Stimmung seinen Höhepunkt, als der gemeinsame Tenor der Kollegen unter großem Gaudium eine „Dienst nach Vorschrift"-Haltung und völliges Desinteresse an den auszubildenden Lehrlingen nahelegt.

Es war, als wäre es ihr wie Schuppen von den Augen gefallen, beschreibt sie die Situation. Sie habe sich völlig verraten gefühlt, wie ein lächerlicher Idiot in einem System, das seine Klienten schon lange abgeschrieben und aufgegeben hat. In den Folgemonaten beginnt Roswitha zunehmend vom Rest des Lehrkörpers abzurücken. Ihre Kollegen gehen ihr auf die Nerven, erscheinen ihr verschlagen, unehrlich. Es kommt zum Streit mit einem Kollegen, der allen Schülern, die dem Unterricht nicht folgen wollen, gestattet, sich mit ihren Handys in den hinteren Bankreihen zu beschäftigen. Es ist derselbe Kollege, der die Schularbeitsergebnisse gleichzeitig mit den Angaben ausgibt, um damit die Resultate zu verbessern. So manipuliert funktioniert das System nach außen reibungslos. Roswitha fühlt sich angesichts der duldenden Mitwisserschaft der anderen Kollegen immer mehr an den Rand gedrängt. Gleichzeitig erlebt sie ein Gefühl von Auszehrung und Sinnlosigkeit, wird unleidlich gegenüber ihren Schülern, fühlt sich auch von ihnen ausgenützt. Kurt legt ihr mehr Realismus nahe und rät ihr, sich besser abzugrenzen.

Dann treten morgens auf dem Weg zur Schule in der U-Bahn Angstgefühle auf, die sie immer öfter zwingen, ihren Weg zu unterbrechen. Kurz darauf bilden sich an Schultagen, morgens nach dem Aufwachen, in Minutenschnelle nervöse, juckende Ausschläge im Gesicht, am Hals und im Dekolleté-Bereich. Ein paar Wochen später beginnt Roswitha an hartnäckigen Durchfällen zu leiden und Kreislaufbeschwerden zu entwickeln. Zu diesem Zeitpunkt sind die Schule, die Kollegen und die Schüler bereits ein rotes Tuch für sie. Roswitha hat eine zynische, resignative Weltsicht entwickelt, die sie unter Aufbringung größter Anstrengung vor allen zu verbergen trachtet. Alles ist ihr zu viel. Ihr Direktor, der mit Kurt und ihr befreundet ist, versucht sie aus dem Schussfeld zu bringen. Zuerst wird ihre Dienstverpflichtung auf ihren Wunsch hin auf drei Tage zusammengelegt, um ihr genügend Regenerationspausen zu ermöglichen. Von ihren Zusatztätigkeiten, einstmals mit Enthusiasmus übernommen, erfährt sie Entbindung. In einem nächsten Schritt, als sie das Unterrichten als schwer aushaltbare Belastung erlebt, kann sie die Funktion als Klassenvorstand zurücklegen, ihre Stundenbelastung von der Unterrichtstätigkeit zurückfahren und in einen administrativen Bereich verlagern.

In den letzten beiden Jahren umfasst Roswithas aktive Lehrbeauftragung noch vier Unterrichtsstunden. Das System hat in Gestalt des befreundeten, äußerst kooperativen Direktors für maximale Entlastung gesorgt. Trotzdem beginnt Roswitha das diesjährige Schuljahr nach den Sommerferien subjektiv erschöpfter, als sie sich noch vor dem Sommer gefühlt hat. Die unterschiedlichsten körperlichen Beschwerden, ein Hörsturz zwei Wochen nach Schulbeginn und nur mit schweren Schlafmitteln beherrschbare Schlafstörungen kennzeichnen die letzten Wochen vor unserem Termin…

Arbeitsüberlastung, Tempodruck, mangelnde Mitsprache in der Gestaltung des Arbeitsfelds, Mobbing, autoritäre Führungskultur, Verweigerung von Anerkennung – all das, was man unter anderem einem Burnout begünstigenden Arbeitsumfeld zuschreibt, konnte für Roswithas spezielle Situation nicht ins Feld geführt werden. Keiner dieser Faktoren kam hier als Auslöser in Betracht. Ganz im Gegenteil, Roswithas Führungsverantwortlicher, ihr Direktor, hatte vieles unternommen, um ihr den Verbleib auf ihrer Position und damit ihren Bezug sichern zu können, bis hin zu ausgeklügelten Plänen von offizieller Anwesenheit an unterrichtsfreien Tagen und Krankenständen für Tage mit Unterrichtsverpflichtung. Sie hatte nahezu selbstbestimmt in ihrer Zeitgestaltung und ohne Fertigstellungsdruck die von Verantwortung weitgehend entbundenen Administrationstätigkeiten, quasi als Schonung, übernehmen können und die inzwischen verhasste Klassenlehrertätigkeit bis auf ein minimales Segment zurücklegen dürfen. De facto war es ihr durch eine Bereitschaft zur Supplierung durch andere Kollegen und gezielte Krankenstände gelungen, im ersten Unterrichtssemester gerade einmal für vier Stunden ein Klassenzimmer zu betreten – und das mit voller Toleranz der Organisation.

Roswitha selbst wiederum konnte beim besten Willen unter Einrechnung ihrer Lebensgeschichte, die sie in ihren Details als äußerst belastbare Person auswies, nicht als ein leicht zur Überforderung neigender Mensch gesehen werden. Sie wies zwar jene Grundcharakteristiken auf, die Menschen für Burnout gefährdet erscheinen lassen – Ehrgeiz, Genauigkeit, hohe Identifikation mit der Organisation, stark prosoziale Einstellung, hohe Bereitschaft zu selbstkritischem Verhalten und eine gewisse Tendenz, ihren Selbstwert über die von ihr erbrachte Leistung zu definieren – doch liegen weitaus belastendere Perioden ihres Lebens bereits hinter ihr, womit der völlige Zusammenbruch in dieser Lebensphase zunächst unnachvollziehbar anmutet.

Roswitha stellte mein bisheriges Verständnis der Entstehung von Burnout auf einen ernst zu nehmenden Prüfstand und forderte von mir, über oberflächliche oder einseitige Modelle hinauszuwachsen, um einen sinnvollen Behandlungsplan erstellen zu können. Denn hier auf eine Arbeitskarenz zu drängen, konnte wohl kaum den Stein der Weisen bedeuten. Roswithas Lebensaushöhlung lag, wie letztendlich bei allen Opfern des Burnout-Syndroms, viel tiefer, hatte jedoch in der Sequenz des Berufsfelds eine passende Widerspiegelung gefunden. Die ursprüngliche Sinnbefüllung ihrer beruflichen Tätigkeit war ihr verloren gegangen. Ein System, das, wie ihr schien, sich unter allgemeinem Konsens von seiner eigentlichen Berufung resignierend abgewandt hatte und Jugendliche nur mehr durchschleuste oder für ein paar Jahre parkte, ohne ihnen tatsächliche Entwicklung zu ermöglichen, drängte sie in die Vereinsamung. Gerade als Mensch mit hoher Identifikation mit ihrem Aufgabenbereich und stark prosozialer Gesinnung erwies sich dies für sie als der berühmte „letzte Tropfen, der das Fass zum Überlaufen bringt", als unaushaltbar und als Auslöser für den Sinnzusammenbruch.

In der Aufarbeitung von Roswithas Burnout eröffnete sich der zu Grunde liegende tiefere Prozess, die stufenweise, im Untergrund seiner Seele verlaufende Lebensentfremdung eines Menschen, der sich einen sensiblen, gemeinschaftsorientierten und grundsätzlich liebesfähigen Persönlichkeitskern bewahrt hatte. Trotz einer harten, Gehorsam verlangenden Sozialisierung im Elternhaus war Roswitha lange höchst lebendig geblieben. Nun aber scheiterte sie. „Es trifft eigentlich die Besten", schoss es mir während der Arbeit mit ihr immer wieder durch den Kopf.

Doch ich wusste das noch nicht zu deuten, vermochte zu diesem Zeitpunkt die Paradoxie, die sich darin verbarg, noch nicht zu erkennen. Gerade jene, die eigentlich mit besonderem Einsatz und Gehorsam, mit besonderer Aufopferung ihre Aufgaben erfüllten und damit dem Leitbild der Gesellschaft dank eines stark installierten Über-Ichs auch besonders gut entsprachen, wurden Opfer eines Burnout-Syndroms. Obwohl doch gerade sie dem gesellschaftlichen Konsens entsprechend die Einlösung ihres Glücksanspruchs erreichen hätten sollen, statt in Sinnlosigkeit und Aushöhlung zu versinken.

Als eindeutig unhaltbar stellte sich mir jedoch schon damals die Beschuldigung der „bösen Arbeitswelt“ als Verursacher des Ausbrennens dar. Die Arbeitswelt ist lediglich der hauptsächliche und sichtbarste *Austragungsort* des persönlichen Sinnverlusts und Entfremdungskonflikts des Einzelnen. Diese Erkenntnis spiegelt meine Erfahrungen in beiden Arbeitsfeldern, sowohl als Behandlerin von Burnout-Betroffenen wie auch als Beraterin in der Organisationsentwicklung von Unternehmen wider. Dass Burnout und damit die Entfremdung vom *privaten* Lebensumfeld, die Automatenhaftigkeit, mit der oft schon jahrelang nicht aus einer inneren Überzeugungskultur vorgegebene Zielsetzungen verfolgt werden, verläuft lediglich unsichtbarer, dem öffentlichen Blick entzogener. Der „Leistungseinbruch“, der zunehmende Mangel an Identifikation, der zumeist mit Konsum und Betäubung in Schach gehalten wird, bleibt gleichsam privates Drama. Im Berufsfeld, am Arbeitsplatz jedoch, wo zumeist viel eindeutiger nach dem Kriterium der Leistung beurteilt wird, nimmt die bestehende Dissonanz einen hässlichen, weithin hörbaren Klang an.

Über diese Unhaltbarkeit der Verurteilung der Arbeitswelt war ich bereits 2002 in Rumänien erstmalig gestolpert, hatte mich damals gewundert, aber die Enden der Fäden noch nicht zusammenzuknüpfen vermocht. Das junge, gerade einer der unmenschlichsten Diktaturen entwachsene Land hatte sich nach einem guten Jahrzehnt als Demokratie glaubwürdig und gleichzeitig geschmeidig für den begehrlichen globalen Wanderzirkus der Fertigungsindustrie erwiesen und lockte mit Sonderkonditionen, kurzen Transportwegen an die EU-Grenzen und Billiglohnarbeitskräften. Ein Eldorado für alle, die handarbeitsintensive Produktion, von der Hirschhornknopfschnitzerei, über die Hemdennäherei oder Kabelbaumherstellung bis hin zur Lederlenkradnäherei, mit niedrigen Personalkosten verbinden wollten.

Wir betreuten damals eine Produktionsstätte im Westbanat zur Personalentwicklung ihres neuen lokalen Management Staff. Lauter junge, enthusiastische Menschen mit teilweise fantastischen Abschlüssen, soweit sie in Rumänien zu kriegen waren, ausgerüstet mit der totalen Beseelung einer Aufbruchsstimmung. Für sich und ihr Land wollten sie den großen Wohlstand erarbeiten, Arbeitseinsatz ad infinitum inklusive. Goldgräberstimmung, ein tägliches Teamgefühl, wie man es hierzulande nicht einmal während des gruppendynamisch verordneten Fallschirmtandemspringens für Führungskräfte für die kurze Zeit in der Luft zusammenbringt. Es gab jede Menge Müdigkeit, wenn es wieder einmal galt, tagelang durchzuarbeiten, um ein fehlerhaftes Layout unter Hochdruck zu korrigieren oder den Fehler in einer abgestürzten, den Flow blockierenden Computeranlage zu beheben. Aber Burnout war ganz sicher bei niemandem in Sicht.

Soweit zum Management. Aber auch der Rundblick im noch wesentlich härteren „production floor", der Produktionshalle, warf jede gestandene Burnout-Theorie über den Haufen. Da saßen pro Schicht rund 800 Frauen und Männer auf harten, wackeligen Dreibeinhockern und ummantelten im Schlachthauslicht der über ihnen schwebenden Neonbalken Lederlenkräder für Nobelkarossen, in denen sie sicher nie sitzen würden. Und dies unter enormem Zeit- und Qualitätsdruck, in einem Organisationssystem, das ihnen keinerlei Mitsprache, nicht einmal bei der Wahl ihrer Schicht ließ. Sie arbeiteten in einem Unternehmen, das über sein Prämiensystem stark konkurrenzfördernd war, äußerst sparsam mit Wertschätzung und Anerkennung umging, eine für den einzelnen Arbeiter intransparente Ablaufstruktur vermittelte und keinen Wert auf Teambildung oder Kooperation legte. Ein System, das auch damit zufrieden gewesen wäre, wenn hier anstatt Menschen minuziös werkende Maschinenhände im Einsatz gewesen wären. Arbeitsschutzmaßnahmen waren in dem neuen Staat, der damals noch nicht zur EU gehörte, zwar grundsätzlich verabschiedet worden, doch nach vierzig Jahren autokratischem Ceausescu-Regime waren die Implementierung schleppend und die Kontrollen geschmeidig abzubiegen. Also saß man dort im Winter bei knackigen zwölf Grad mit klammen Fingern und im Hochsommer bei tropischen vierzig Grad, umgeben von den frei flottierenden, verbotenen Klebstoffdämpfen in der dünnen, auf die grüne Wiese gegossenen Werkhalle mit ihrem Zementboden und nähte, was das Zeug hielt.

Noch dazu waren die Schichten umrahmt von langen Anfahrtswegen. Die zugigen Werkbusse sammelten die Belegschaft oft schon zweieinhalb Stunden vor Schichtbeginn in den umgebenden Ortschaften auf, um rechtzeitigen Schichtbeginn mit gewaschenen Händen als Werkinteresse zu gewährleisten. Es ist selbstredend, dass es sich hierbei um die Privatzeit der Mitarbeiter handelte, der An- und Abtransport als eine Sozialleistung des Unternehmens gesehen wurde. Daheim gab es dann zumeist Kinder und irgendeinen alten Verwandten zu betreuen und das diverse Kleinvieh und den Garten, Überlebensbasis jedes damaligen Rumänen, zu bewirtschaften.

Es ist Teil meines Berufs, mich äußerst intensiv in Menschen hineinzuversetzen, einen Weg zu finden, um mit Menschen in unmittelbaren, ungefilterten Austausch treten zu können. Burnout traf ich in der stinkenden Halle, in die ich nur aus Solidarität und nicht aus Überzeugung ohne Schutzmaske ging, nie an. Nicht einmal Unzufriedenheit. Die Menschen fanden sich eingebettet in ein Sinnsystem, verbunden in einem engen familiären Zugehörigkeitsgefühl, das durchwegs von wechselseitigen, respektierten und damals nach dem Sturz des Regimes noch als naturgegeben erlebten Abhängigkeiten geprägt war. Darüber hinaus funktionierte zum damaligen Zeitpunkt die Struktur nachbarschaftlicher Zugehörigkeit und Hilfe noch mit großer Zuverlässigkeit. Hatte jemand für sein Kind keine Beaufsichtigung, so fand sich mit großer Sicherheit in der Nachbarschaft eine Unterbringungsmöglichkeit. Natürlich gab es auch Rivalitäten, Eifersucht, Neid und das ganze Spektrum menschlicher Befindlichkeitsstörungen in den Dörfern. Doch der Grundkodex von Verbindlichkeit und das Bewusstsein, aufeinander wechselseitig angewiesen zu sein, das Wissen, dass Gebender und Nehmender bedingt durch den Lebensstrom und seine Anforderungen nur zu leicht Platz tauschen können und daher der Mensch in jeder dieser Positionen mit Respekt zu behandeln ist, war im Untergrund des dörflichen Selbstverständnisses noch vorhanden. Nirgends, seit meiner Kindheit an der Hand meiner Mutter beim „Bassena-Tratsch", habe ich in Europa so viele spontane, ungezwungene Unterhaltungen mit angehört oder Nachbarn, die in der Abendsonne gemeinsam auf der Bank sitzen, beobachten können. Oder so viel Selbstverständlichkeit einer gemeinsamen Festkultur, bei der jeder das Seine beiträgt, und sei es einen Strauß selbstgepflückter Wiesenblumen. Diese Menschen hatten damals eine Vision eines besseren Lebens, das sie bauen wollten, das Werk war ein Symbol dafür, ebenso wie alles, was sie dort erlebten.

Ich habe diese Dörfer ein paar Jahre später noch einmal besucht, zu einem Zeitpunkt, als auf den noch immer schiefen, schlecht gedeckten niedrigen Häuserdächern bereits ein Antennenwald für die SAT-TV Anlagen montiert war, als Trostpflaster für die zurückgebliebenen Alten. Da saß kaum noch einer draußen auf der Bank mit seinem Nachbarn, wenn drinnen die bunte Welt von Konsum und Soaps flimmerte. Da habe ich dann auch Burnout gefunden, viele Menschen, die leise aufgegeben hatten, zerrieben waren, nicht von der Arbeitswelt, sondern weil die Vision verkauft worden war.

In der Beobachtung der Veränderung dieses sozialen Kollektivs wurde mir deutlich vor Augen geführt, dass nicht das Arbeits- und Lebensumfeld für sich genommen Ursachen eines Ausbrennens sind, wie auch nicht in der Persönlichkeit des einzelnen Menschen die wirkliche Grundlage zu finden ist. Sondern es handelt sich um ein dynamisches „misfit" zwischen Arbeits- und Lebensumfeld einer bestimmten Person einerseits und ihren Anlagen, Kompetenzen, Möglichkeiten, Strategien, Überzeugungen und Werten andererseits.

Es handelt sich also um eine Art Passungsfehler zwischen Individuum und Umwelt, ein Auseinanderklaffen zwischen dem was das System braucht und zu geben im Stande ist und dem, was das betroffene Individuum braucht und zu geben im Stande ist. Diese Feststellung enthält sich grundsätzlich noch jeder Bewertung. Beide Bereiche können begünstigende Faktoren aufweisen, doch ihnen die „Schuld" zuzuschieben, wäre viel zu kurz gegriffen. Und doch löst gerade das Thema Schuld einen heiß umkämpften Grabenkrieg aus.

Die Mär vom schlechten Menschenmaterial und der miesen Organisationskultur

Vertreter der bürgerlichen, unternehmerischen Sphäre, die traditionell den Leistungsgedanken hochhalten und nur in einer ungebremsten Wachstumskultur die Zukunft sehen, neigen dazu, den Burnout-Patienten als „minderwertiges Material" einzustufen. Ein Warmduscher und Weichei, einer, mit dem kein Pokal zu gewinnen ist, ein „Psycherl", das noch immer seine Kindheit als Generaldispens seiner Inkompetenz und Anstrengungsverweigerung als Schild vor jeder Anforderung vor sich her trägt. Und das in diesen Zeiten, wo der globale Markt zu Höchstleistung drängt, wo es gilt, das Überleben des Unternehmens mit größter Härte und Selbstaufgabe als höchstes Ziel beständig vor Augen zu haben, wo jeder Muskel angespannt werden muss, um den Konkurrenzkampf zu gewinnen.

Burnout-Patienten in einem Unternehmen sind unangenehm. Sie werfen Fragen auf. Fragen, die, wie man dumpf in den Eingeweiden und dem „Flüstern auf den Gängen" spürt, die Potenz haben könnten, Grundlegendes, Systemisches anzukratzen. Burnout-Patienten lösen damit vielleicht sogar Angst aus, sodass man sich landläufig doch dafür entscheidet, sich von Unternehmensseite kulant zu zeigen, um keinen Staub aufzuwirbeln, die Betroffenen vordergründig zu streicheln, wenn man sich ihrer nicht mehr zeitgerecht hat entledigen können.

In einer Art von vorauseilendem Gehorsam, gleichsam um eine weiße Weste vorweisen zu können, werden Burnout-Beauftragte installiert. Oder aber man beauftragt dafür Unternehmensberater, um eine Art Ablasszahlung zu leisten und Gesinnungsreinheit zu demonstrieren. Vorgesetzte erlernen dann die notwendigen Tricks für das Burnout-präventive Mitarbeitergespräch lege artis. Mitarbeiter wiederum lernen, wie sie ihren Schreibtisch besser entrümpeln oder ihre Mailverwaltung auf überblickbare Dimensionen bringen. Dafür gibt es ausgefeilte Systeme, um zweitägige Workshops rechtfertigen zu können, und keiner hat später Material in der Hand, um behaupten zu können, dass das Unternehmen nicht etwas für die Burnout-Prophylaxe getan hätte. Die Implementierung von vordergründig ambitionierten Programmen zur betrieblichen Gesundheitsförderung mit Tai-Chi-Stunden, gesunder Werksküche sowie Time- und Organisationsmanagement-Seminaren war der „Megatrend" der vergangenen Jahre.

In diesem Punkt der Schulungsoffensive sind sich Unternehmen meist mit ihren Betriebsräten einig, die sonst gehörig ins Horn der gegen Arbeitnehmer gerichteten Ausbeutung blasen. Als Haken erweist sich für die Vertreter der Arbeitnehmer allerdings, dass sämtliche angebotenen Präventions- und Lösungsversuche davon ausgehen, dass die wesentlichen Bedingungen für das Entstehen des Syndroms ausschließlich in der Persönlichkeitsstruktur (etwa Neigung zu Idealismus, Perfektionismus und Definition über Leistung) liegen sollen.

Betriebsräte sind heute ihrer historisch so wesentlichen Funktion beraubt, tatsächliche Arbeitsausbeutung und unmenschliche Arbeitsbedingungen zu bekämpfen. Deshalb fahren sie oft einen Kurs, der mit großem Pathos eine Art Kuschelpädagogik von Unternehmensseite fordert. Da eine Burnout bedingende Arbeitsüberlastung angesichts ausgefeilter Arbeitszeitbeschränkungen und Ruhezeitverordnungen in einer überregulierten Arbeitswelt schwer plausibel gemacht werden kann, zaubert man gerne andere Faktoren aus dem Hut. Arbeitsdichte oder Arbeitsverdichtung, ständige Erreichbarkeit, enge Zeitvorgaben, ungelöste Konflikte und fehlende soziale Unterstützung, Arbeitsplatzunsicherheit sowie ein ständiger Anpassungsdruck an neue Bedingungen, sind stark vom subjektiven Erleben gefärbte Aspekte, die für die chronische Überlastung und Überforderung verantwortlich sein sollen. Damit sollen die vom Arbeitnehmer kommenden „Antworten" wie innere Kündigung, reduzierte Leistungs- und niedrige Innovationsbereitschaft sowie hohe Fehlerquoten als logische Konsequenzen plausibel gemacht und dem Unternehmen der schwarze Peter zugeschoben werden. Schützenhilfe kommt von den Krankenkassen, die angesichts der steilen Anstiege bei psychisch bedingten Krankenstandstagen meinen, dass das Platzen diverser Wirtschaftsblasen und die nachfolgende Wirtschaftskrise bei den Menschen Wirkung zeigt.

Eine Evaluierung von psychischen Belastungen am Arbeitsplatz durch Arbeitsmediziner und Arbeitspsychologen ist von dieser Warte aus das Gebot der Stunde. Mit Online-Fragebögen soll jeder Mitarbeiter sein Unternehmen nach dem ihm zugemuteten Stress beurteilen, woraus sich ein Forderungskatalog ergibt und sich die Positionen „Böses Unternehmen" versus „ausgebeuteter Arbeitnehmer" als Grundgesetz wieder einmal bestätigen lassen. Massen-Breakdowns wegen Strukturfehlern sozusagen, was hierzulande die Arbeiterkammer zur Forderung gegenüber dem zuständigen Bundesminister für Wirtschaft und Arbeit sowie dem Gesetzgeber treibt, die Mitwirkungsrechte der Betriebsräte bezogen auf die Gestaltung der Arbeitsbedingungen (insbesondere durch Erweiterung des Kataloges der erzwingbaren Betriebsvereinbarungen) zu stärken.

Dabei ist es ein sinnloses Unterfangen, dieses Ballett um die wechselseitige Schuldzuweisung zwischen Arbeitgeber und -nehmer anzuheizen, das nur dazu dient, Fronten zu verhärten und Beweise in arbeitsgerichtlichen Auseinandersetzungen zu liefern. Eine Arbeitgeberseite, die ihre Mitarbeiter wie „Material" behandelt und den individuell menschlichen Aspekt der Einbettung in eine Sinnstruktur verleugnet, wird à la longue immer Schiffbruch erleiden. Eine Arbeitnehmerseite jedoch, die einer Wehleidigkeitskultur anhängt, Anpassung und dynamische Entwicklung, ja jede Leistungsforderung als Zumutung erlebt und für jeden Arbeitsplatz Bedingungen einer geschützten Werkstätte fordert, verhält sich letztendlich analog zu Eltern, die dem Erziehungsstil des laissez faire anhängen und damit dafür sorgen, dass ihre Kinder hart an die Wand der Realität sozialer Grenzen und Machbarkeiten knallen.

Freilich kommt Unternehmen in der Auseinandersetzung mit dem immer lauter werdenden Problem des Burnout eine wesentliche Rolle zu. Natürlich gilt es, als Anforderung des neuen Jahrtausends Unternehmenskultur neu zu reflektieren und zu definieren, ja in großem Umfang eine Sinnfrage zu stellen und daraus abgeleitet organisationelle Neustrukturierungen abzuleiten. Das ist allerdings etwas anderes, als ein Pflaster aus grüner Betriebsküche, einer geförderten Yogastunde und einem Anschwärzungsbriefkasten, auch wenn „whistle blowing" seit neuestem salonfähig ist. Faktum ist, dass Unternehmen, statt zum gemeinsamen Ort der Unternehmung zu werden, so gegenwärtig nur zu leicht zum Schlachtplatz nutzloser ideologischer Kämpfe mutieren. Denn beide Seiten haben letztlich mit dieser Schuldzuschreibung der jeweils anderen Gruppe gegenüber einen bequemen Parkplatz für die Diskussion geschaffen. Damit tragen sie, jede auf ihre Weise, in einer Form unbewusster Konspiration dazu bei, dass nicht genauer hinterfragt wird. Es mutet wie ein lautstarkes Ablenkmanöver an, das den Blick auf sich konzentrieren soll, um nicht auf die tatsächlichen Grundlagen der Misere blicken zu müssen.

Der Eisberg taucht auf

Warum hat die Zahl der Burnout-Fälle innerhalb relativ kurzer Zeit so dramatisch zugenommen? Diese Frage beschäftigte mich im Laufe der Zeit immer öfter und trug letztendlich, trotz ihrer scheinbaren Banalität, wesentlich zum besseren Verständnis des Phänomens Burnout bei. Zugegeben, eine Modediagnose, ein schillerndes Phänomen, das, da es in den letzten Jahren auch zahlreiche Personen des öffentlichen Lebens und der Celebrity-Szene zur Strecke gebracht hat, den Boulevard zu seitenlangen Berichten beflügelt und damit sicher auch „Nachahmungstäterschaft“ inspiriert. Ganz nach dem Motto: wenn schon nicht rappen wie Eminem oder singen wie Mariah Carey, so doch zumindest am gleichen Syndrom leiden...

Einen Anstieg der Burnout-Raten zu verleugnen oder einfach wegzuerklären gleicht, auch wenn es kaum seriöse Reihenuntersuchungen dazu gibt, trotzdem einer Vogel Strauß Politik. Noch dazu gibt es mittlerweile zahlreiche medizinische Indikatoren und Messverfahren, die es in der traditionellen, seriösen medizinischen Methodik des Messens und Wägens fertig bringen, zu entlarven, wenn Körper und Geist wirklich im roten Bereich angekommen sind. Die sogenannte Herzratenvariabilitätsmessung (kurz: HRV genannt) vermag den Zustand des autonomen Nervensystems zu messen, das letztendlich unserem Basisbetriebssystem entspricht. Diese Messung wiegt die Einflüsse des Sympathikus, des „Aktivierers“, der beständig mit dem Fuß auf den Gaspedal in unserem Leben unterwegs sein möchte, gegenüber seinem Antagonisten, dem Parasympathikus, ab, der für Entspannung und Regeneration verantwortlich ist.

Das Ergebnis wird bildhaft dargestellt – bei dauerhafter Überbelastung ist der Parasympathikus kaum mehr zu sehen, aber auch der Sympathikus ist im Schwinden begriffen. Die Elastizität des Systems, das eine dynamische Anpassungsfähigkeit auf die jeweiligen Anforderungen der Umwelt repräsentiert, reduziert sich zunehmend und nimmt ein starres Muster an. Parallel dazu verliert der betroffene Mensch auf der Verhaltensebene seine Flexibilität und Geschmeidigkeit im Umgang mit seiner Umwelt. Er büßt die Fähigkeit zur dynamischen Interaktion ein und wird damit zu einer Art Roboter, der mit ungelenken, immer starrer werdenden Verhaltensmodellen immer mehr aneckt und seinen eigenen Ausschluss einleitet. Weitere messbare Faktoren, die Indikatoren dafür sind, ob jemand im „roten Bereich“ ist, wären in der Schlafarchitektur, den Bluthochdruckwerten, Leberwerten oder auch in der Neurotransmitterchemie zu finden. Chronische Erschöpfung, Sinnverlust und Burnout kann heute also auch durch die Apparatemedizin sichtbar gemacht werden.

In den letzten Jahren ist es zu einer markanten Verschiebung der Häufigkeit von psychischen im Verhältnis zu physischen Erkrankungen gekommen, um im Einrasterungsschema unseres Gesellschaftsverständnisses zu bleiben. In ihrer Studie „Global Burden of Disease“ hat die WHO bereits heute für die reichen Länder die größte Krankheitslast in Form von verlorener Lebensqualität und -jahren als durch psychische Störungen bedingt ermittelt und ein Ansteigen prognostiziert. Dies ist insofern auch besonders interessant, als Wohlstand im allgemein gültigen gesellschaftlichen Grundverständnis als DER Glücklichmacher schlechthin gewertet wird. Betrachtet man die Zahlen, so scheinen diese allerdings eine ganz andere Interpretation nahezulegen. Das will jedoch kaum jemand wahrnehmen, denn es würde zu vielen und zu mächtigen Interessen zuwiderlaufen.

Faktum ist aber auch, dass der Preis für die Aufrechterhaltung dieser und einiger anderer grundlegend überholter Überzeugungen zunehmend hoch, um nicht zu sagen unleistbar wird. Psychische Erkrankungen als Grundlage von Berufsunfähigkeit haben Herz-Kreislauferkrankungen in ihrer Bedeutung bereits überholt. An der Spitze von Berufsunfähigkeits- und Frühpension stehen psychische Erkrankungen – Menschen, die ihr tägliches Selbstmanagement nicht mehr so weit im Griff haben, dass sie einer verbindlichen, geregelten Beschäftigung nachgehen können. Menschen, die aus dem „Spiel" genommen sind, ihre eigenständige Gestaltungsfähigkeit und ihre Lebendigkeit nicht mehr einbringen können. Im Jahr 2008 waren in meinem Heimatland Österreich in Summe etwa 370.000 Personen wegen geminderter Arbeitsfähigkeit bzw. Erwerbsunfähigkeit in Pension (nur Pensionsversicherung der Unselbständigen), 22,4 Prozent davon aufgrund einer psychiatrischen Erkrankung (Männer: 18,3 Prozent, Frauen: 29,2 Prozent).

Das sind ziemlich viele, bezogen auf die kleine, österreichische Population der Erwerbsfähigen, wobei die Zahlen für Deutschland nicht besser aussehen. Der prozentuelle Neuzugang an Pensionen aufgrund einer psychiatrischen Erkrankung betrug 2008 bereits 33,1 Prozent (Männer: 25,9 Prozent, Frauen: 46,8 Prozent). Im Vergleich dazu macht der prozentuelle Neuzugang an Pensionen aufgrund von Krankheiten des Skeletts, Muskeln und Bindegewebe, also der traditionellen Verschleißerkrankungen, nur 27,5 Prozent aus (Männer: 31,7 Prozent, Frauen: 19,5 Prozent). Wenn man sich das Ganze dann noch im absoluten Zahlenvergleich über den Zeitraum von 1995 bis 2008 ansieht, so ergibt sich eine noch drastischer anmutende Perspektive.

Im Jahr 1995 betrug die Zahl der Pensionen wegen geminderter Arbeitsfähigkeit bzw. Erwerbsunfähigkeit (nur Pensionsversicherung der Unselbständigen) aufgrund einer psychiatrischen Krankheit in Österreich ca. 40.000. Den aktuell vorliegenden Daten zufolge stieg dieser Wert kontinuierlich auf etwa 82.000 Pensionen im Jahr 2008 an – das entspricht einer Steigerungsrate von 106,2 Prozent. Steigerungsraten nach Geschlecht: Männer: 91,1 Prozent, Frauen: 124,8 Prozent.

Wenn man dann noch vom eben beschriebenen Extremfall der Erwerbsunfähigkeit absieht und die große Kategorie von klinisch relevanten psychischen Störungen als Bezugsmaß hernimmt, kommt man sogar auf unwahrscheinliche 38 Prozent der europäischen Bevölkerung, was immerhin 165 Millionen Menschen bedeutet, die sich hier zuordnen lassen. Außerdem, so räumte zum Beispiel die Oberösterreichische Gebietskrankenkasse ein, können zahlreiche andere Erkrankungen wie beispielsweise Allergien, Magenschmerzen, Kreislaufprobleme usw. eine Folge von Stress und psychischen Belastungen sein, ohne dass die daraus resultierenden Krankenstände Problemen der Psyche zugeschrieben werden. Das heißt, es ist davon auszugehen, dass es eine enorme Dunkelziffer an maskierten Stresserkrankungen bis hin zum Burnout gibt, die schlichtweg unter einer anderen Diagnose laufen.

Eigentlich beängstigend, wie es unserer Gesellschaft mit ihrem Seelenleben zu gehen scheint. Eine Gesellschaft am Limit, möchte man meinen. Den Psychopharmakaberg, den diese 165 Millionen Europäer pro Jahr wegputzen, stelle man sich einmal vor. Da geht sich zur Freude der unterstützenden und Lebensfrust lindernden Pharmaindustrie ganz sicher ein richtiges Bergmassiv aus. Die Österreicher haben dazu mit 5,3 Millionen Packungen Psychopharmaka bereits 2008 in erheblicher Weise beigetragen – und das alleine gegen Depressionen und Angstzustände.

Auch die Österreichische Ärztekammer meldet sich mit alarmierenden Zahlen zu Wort, wenn sie vermeldet, dass rund 500.000 Menschen unter Burnout leiden und 1,1 Millionen als gefährdet gelten müssen.

Man braucht also nicht unbedingt im Rang eines Gesellschaftstheoretikers zu stehen, sondern es reicht bereits ein Quäntchen Hausverstand, um attestieren zu können, dass hier im Untergebälk, der Betriebskultur der Gesellschaft, etwas grob im Argen liegen muss, wenn eine derart große Zahl der Bevölkerung in einer tiefen Erschöpfungs-, Aushöhlungs- oder Sinnkrise steckt, obwohl doch nach der geltenden materialistischen Glückstheorie gerade in unseren Breiten alles zum Besten stehen müsste. Dies führten mir letztendlich der schlimmste Burnout-Fall meiner Praxis sowie die unwahrscheinlichste, ja skurrilste Burnout-Konstellation, die ein Patient zeigen konnte, endgültig vor Augen.

Fred, was zugegeben weitaus dynamischer klingt als das bürgerliche Friedrich, das ihm seine Eltern vor etwas mehr als 48 Jahren verpasst haben, wird mir von einem Kollegen an einer Privatklinik zugewiesen. Ein delikater Fall, wie er sogleich betont. Einer jener kometenhaft aufgestiegenen „Hyper-Performer", mit einem Lebenslauf, der jeden Normalsterblichen angesichts der eigenen Unfähigkeit sofort zum Strick greifen lässt. In seiner Zunft ganz sicher einer der Besten, selbstverständlich habilitiert und geschäftstüchtig, mit hohem siebenstelligem Jahresumsatz, bei dem mehr als genug in seiner Tasche hängen bleibt. Bis über die Ellbogen in Kammerpolitik und sogar in die öffentlichen politischen Debatten des Landes involviert, die sein Fach berühren, gelingt es ihm, sich stets mit markigen Sprüchen einzuklinken. So gekonnt, dass er nicht mehr ignoriert werden kann und erste Spekulationen laufen, ihn besser gleich ins große politische Boot zu holen. „Aber ein totaler Koffer, vollkommen bescheuert", beschreibt ihn mein Kollege, der nebenher mit ihm seit Studienzeiten befreundet ist und regelmäßig Tennis spielt. „Vor ein paar Wochen ist er direkt vom Flug aus Sydney zum Tennis gekommen, hatte 36 Stunden nicht geschlafen. Er hat immer drei Handys am Ohr und wenn sein Tablet-PC keinen Saft mehr hat, kriegt er einen totalen Breakdown."

Jetzt liegt Fred bei ihm auf der Station. Auch wenn das Zimmer mehr einer Hotelsuite gleichkommt, ist die Situation nach dem Infarktgeschehen der letzten Woche letztendlich todernst. „Wenn er so weitermacht, ist er spätestens in drei Jahren tot", lautet die offenherzige Schätzung meines Internistenkollegen. „Chronische Magengeschwüre, ein völlig aus den Fugen geratener Tag-Nacht-Rhythmus, Hypertonie, beständig irgendwelche Entzündungen und jetzt der Infarkt. Wir haben ihn noch lysieren können, aber jetzt müssen wir weitersehen. Mehr kann einem der Körper nicht mehr vor den Latz knallen, aber er verleugnet alles. Wenn du mich fragst, kratzt er bereits seit Jahren an einem völligen Burnout herum, aber wie gesagt, er verleugnet alles." Und nun soll ich also ran, um meinem Kollegen den Tennispartner noch länger zu erhalten oder mir ebenfalls an ihm die Zähne auszubeißen.

Zwei Tage später werfe ich mich in mein dunkelgraues „Dienstkostüm" und damit in den Ring. Ich klopfe an Freds Zimmertür in der Klinik. Er ist überrascht, denn ich habe das Privileg genützt, den Medizin-Establishments-Patienten zu entmündigen, und damit einen unangemeldeten Überraschungsangriff gestartet. Auch er ist in Dienstkleidung – der von Patienten seines Rangs, also Seidenpyjama, aber sichtlich grau im Gesicht. Er fängt sich rasch, findet es absolut komisch, dass sein Internistenfreund es nun unnötigerweise doch wahr gemacht hat, ihm einen „shrink" an den Hals zu schicken. Ansonsten gibt er sich aber sofort charmant und merkt an, dass es in meinem Fall zumindest ein „bezaubernder Zeitvertreib" seiner nachmittäglichen Fadesse werden könnte, da man ihm noch absolute Arbeitskarenz aufgezwungen habe, was seinen Gesundheitszustand allerdings höchstens verschlechtern könnte. Vielleicht wäre es mir möglich, so meint er, dies Kraft meiner tieferen Einsicht in die menschliche Psyche auch dem Behandlungsteam plausibel zu machen. Ich gebe mich konziliant aber unerbittlich in der Gesprächsführung, was zu manchen Pausen führt und ihn zu mentalem Kräftemessen herausfordert. Er muss erst wissen, wem er sich hier anvertrauen könnte, denke ich und mache unbeirrt mit einem Kurs weiter, der scheinbar irgendwo zwischen mitfühlender Freundin, Gouvernante und Bewunderin angesiedelt ist.

Am Ende liegt der genauso tragische wie triviale, ewig gleiche Lebenslauf eines sensiblen, hochtalentierten, verlassenen Kindes vor mir. Zwei Elternteile, die in ihrem eigenen narzisstischen Ringen für das, zum gegebenen Zeitpunkt nicht gerade erwünschte, Kind wenig Aufmerksamkeit aufbringen können. Fred, gleichwohl Spross einer eingesessenen Akademikerfamilie, wird vielfach an Kindermädchen delegiert und zu Großeltern verschickt. Er scheint bereits sehr früh festgestellt zu haben, dass in seiner Lebensumwelt „Leistung" die Gegenwährung ist, um Aufmerksamkeit und Zuwendung zu erhalten. Das unvermeidliche Drama des begabten Kindes nimmt seinen Lauf, das mir nun als vorübergehende Endstation in diesem Spitalsbett begegnet. Ein breites Begabungsportfolio, die hohe soziale Kompetenz eines Kindes, das gewohnt ist, sich an den Bedürfnissen der es umgebenden Erwachsenen zu orientieren, die Fähigkeit zu zäher Selbstkasteiung und die grundsätzliche Angst, nicht liebenswert zu sein. Das alles verbindet sich zu dem üblichen Weltbild eines „high performers", der lernt, mit dem Tosen des Applauses das laute innere Weinen seiner Liebesdefizite zu überdecken.

Doch diese Konstruktion ist hohl, so sehr sie auch von oberflächlicher Bewunderung, gesellschaftlicher Reputation und Anfeuerung, Erfolgsneidern, Statussymbolen oder beachtlichen Bankkonten begleitet wird. Wer nicht angenommen wurde, kann später selber nicht annehmen, nicht einmal den eigenen, sichtbaren, referenzierten „Erfolg". Fred beschreitet den charakteristischen, gesellschaftlich mit Rosen bestreuten Weg der Dosissteigerung, die ihn, wie es nun aussieht, an die Grenze seiner Belastbarkeit bringt. Seine hartnäckige Weigerung, das wahrzunehmen, spiegelt den hohen Grad seiner inneren Verzweiflung wider. Mit psychologischer Deutung ist er nicht ins Boot einer Arbeitsbündigkeit zu holen. Die eigenen Gefühle wehrt er mit bewährter Geschicklichkeit ab, also bleibt mir nur der harte Weg, wenn ich Chancen haben möchte, am Ende unseres Gesprächs nicht wie „das Mädchen vom Tanz" entlassen zu werden.

„Sind Sie verheiratet, Fred, haben Sie Kinder?", frage ich in einem eine Anamnese erhebenden, harmlos neutralen Ton nach. „Nie der Richtigen begegnet", meint er flapsig, „und Sie schneien mir ja auch eindeutig zu spät in mein Leben", setzt er gleich nach, um jeder ernsthaften Nachfrage vorzubeugen. Ich gehe darauf nicht ein, sage nur: „Das macht es einfacher", und mache eine Pause. Das weckt spürbar sein Interesse. „In ein paar Jahren werden Sie wahrscheinlich tot sein, Fred, wenn Sie so weitermachen. Alles weist darauf hin. So wird wenigstens kein Kind um seinen Vater weinen müssen. Sie sitzen in ihrem Porsche Cabrio und rasen mit Vollgas auf die Wand zu. Und ich bin nicht einmal sicher, dass die Musik, die Sie dabei im Ohr haben, gut ist."

Das sitzt sichtlich. Die Spannung im Raum ist spürbar. Er weiß nicht, ob er mich jetzt wegen meiner Unprofessionalität maßregeln soll oder einfach wegen der Grobheit, die ich mir herausnehme. Ich sehe deutlich in seinem Gesicht, dass etwas in ihm kämpft. Dann sagt er langsam und sehr ruhig: „Ich weiß, aber ich kenne keinen anderen Weg als diesen."

Jetzt sind wir im Geschäft. Wir vereinbaren einen Folgetermin.

Zwei Tage später bin ich wieder da. Diesmal angemeldet. Er wirkt frischer, gestriegelt, und versucht sich eingangs in charmantem Geplänkel. Ich respektiere seine Fassade, lasse mich aber nicht mehr vom Kurs abbringen. Wir haben eine Vereinbarung. Es ist ein milder Frühsommertag. Wir sitzen draußen auf der Terrasse vor seinem Zimmer, mit Blick auf den üppigen, blühenden Garten. Diesmal ist sein Handy mit von der Partie. Andauernd zeigt ein dezentes Lichtsignal den Eingang von SMS-Botschaften und Mails an. Ein beständiger Strom. Ganz nebenbei, während unseres Gesprächs, verschafft er sich immer wieder mit geübter Schnelligkeit Überblick. Auch von meiner Position aus fällt mir auf, dass mehrere der SMS kleine bunte Bildchen am Ende tragen. Smileys, Herzen, stilisierte hochhackige Frauenschuhe, dicke rote Kussmünder. Nach geschäftlichen Mitteilungen sieht das nicht aus. Außerdem irritiert es den Fluss unseres Gesprächs. Gleichzeitig ist es eindrucksvoll für mich zu sehen, wie sehr er davon eingenommen scheint. Stellenweise wirkt er wie in Trance. „Jagdfieber" springt es mich als Assoziation an.

Eine Schwesternschülerin bringt uns Mineralwasser und zwei Gläser. Er macht eine Bemerkung, knapp an der Grenze zur Anzüglichkeit. Das junge Mädchen wird verlegen, errötet. Warum muss er den Salonlöwen so heftig heraushängen lassen, frage ich mich. „Sex scheint einen sehr hohen Stellenwert für Sie zu haben, Fred", schieße ich ihn an. Er zögert und sagt dann: „Ich könnte sie alle haben." Dabei fixiert er mich plötzlich mit seinem Blick. Die große Ernsthaftigkeit in seiner Stimme fällt mir auf. Als gäbe er eine Grundüberzeugung von sich preis. Die gerade bei dieser Art von Bemerkung zu erwartende Scherzhaftigkeit fehlt völlig. Das lässt mich aufmerken, alarmiert mich. „Ich auch", versetze ich spontan, „ich könnte auch alle haben, aber ich will nicht." Damit öffne ich die Box der Pandora. Der letzte Damm seiner Abwehr bricht und er beginnt mir die ganze Misere seiner Sexsucht offenzulegen.

Fred ist so ziemlich auf jeder Plattform registriert, die rasche Bekanntschaften verspricht. Er verfügt dafür über unterschiedliche Profile und zahlreiche vorgefertigte Standardbotschaften, die der weiteren Anmache und Anbahnung dienen. Zurzeit hat er rund ein Dutzend Frauen gleichzeitig am Haken. Das tonisiert ihn, gibt ihm den Kick, ein Gefühl von Lebendigkeit, Freiheit. Das Ganze folgt einem mehr oder weniger festgeschriebenen Ritual. Ein paar Mails hin und her schicken, in denen man wechselseitig abgecheckt wird, dann ein Treffen bei einem Kaffee oder, mit interessanter anmutenden Frauen, einem Abendessen. Danach dann der erste sexuelle Kontakt in einem Hotel. Das funktioniert mit jeder, zumindest bei ihm, denn er sieht für sein Alter sehr gut aus und vermag beeindruckend zu repräsentieren. „Darauf stehen Frauen", stellt er fest, aber es klingt resigniert. Nachher Austausch der Telefonnummern und die Anbahnung einer Beziehungsillusion, wobei für Fred der wesentlichste Aspekt im wahrnehmbar hohen Interesse der Frau an ihm liegt. Sie muss ihn wollen, dorthin will er sie bringen. Dafür legt er sich auch ins Zeug und vermag alle Register erfolgreich zu ziehen. Bei manchen heißt das ein Wochenende in einem Fünfsternehotel, andere sind billiger zu haben. „Das hat weniger mit dem Aussehen zu tun", referiert er mir, sichtlich erleichtert, endlich mit einem bewertungsfreien Gegenüber darüber sprechen zu können, „sondern mehr mit dem Grad der Einsamkeit und damit der Bedürftigkeit, in dem diese Frauen leben."

Durchschnittlich braucht Fred zwei Abendessen und einen Kurztrip, dann hängt die Frau fest, will ihn, ist mit anderen Worten total in ihn verknallt und bereit, Zukunftspläne zu schmieden und über Bindung nachzudenken. Darin liegt für Fred der eigentliche Kick der Energiegewinn verborgen. Zu spüren, dass die jeweilige Frau an einer Beziehung mit ihm ernsthaft interessiert ist. Gleichzeitig wird dadurch das Endspiel eingeleitet. Die „Anhänglichkeit" der jeweiligen Frau bedeutet rapiden Interessensverlust bei Fred. „Noch drei, vier Mal Sex und dann schick ich sie in die Pampa", fasst er es zusammen. Für Nachschub ist gesorgt. Durch seine rege Tätigkeit auf den verschiedenen Dienstleistungsplattformen und dadurch, dass er zumeist drei bis fünf Frauen in unterschiedlichen „Entwicklungsstadien" gleichzeitig „am Laufen hat".

Verdammt viel strategisches Beziehungsmanagement, denke ich mir, verdammt viel Aufwand. Abgesehen davon, dass es einen Haufen Enttäuschung bei den jeweiligen Frauen erzeugt. Fred gibt zu, dass ihn diese Aktivitäten mehrere Stunden pro Tag kosten. Aber er kann es nicht lassen. Er beschreibt das Gefühl, begehrt und, wie er manches Mal zu spüren meint, geliebt zu werden als so existentiell für sich, dass er trotz seiner Intelligenz die Skurrilität der Situation gänzlich ausblendet.

„Irgendwie", sagt er, „hält mich das Ganze noch über Wasser, gibt mir Kraft, eine Perspektive für den Tag. Wenn ich aufwache und auf meinem Handy schon vier, fünf Nachrichten von Frauen habe, die mich sehen wollen, macht der Tag Sinn für mich. Ich würde es sonst nicht mehr schaffen, glaub ich, morgens aufzustehen und meine Rolle zu spielen. Ich bin völlig ausgelaugt, fühle mich seit langem total hohl und alleine. Ich bin eine Leistungsmaschine, und gleichzeitig erscheint mir alles, was ich erreicht habe, völlig bedeutungslos und leer. Immer weiter, immer mehr. Jeder erwartet das von mir, immer Höchstleistung und dabei ganz locker wirken müssen, sonst fallen doch alle wie die Hyänen über einen her. Wenn ich das Ding mit den Frauen nicht hätte, würde ich total zusammenbrechen...

Bettina ersucht mich um einen raschen Termin. Ob ich sie nicht einschieben könnte – sie halte die Situation nicht mehr aus. Es geht um ein ernstes Eheproblem. Die Situation eskaliert zunehmend, sie hat das Gefühl, in einem Druckkochtopf zu leben, und schließlich seien hier drei Kinder betroffen.

Bettina kommt auf Empfehlung einer guten Freundin, die selbst bei mir Patientin ist. In ihrer Stimme mischen sich hörbare Verzweiflung und Bedrängung zu einem appellierenden Cocktail. Sie käme auch um sieben Uhr morgens, wenn es sein muss. Das lässt sich zwar nicht einrichten, doch es wird der nächste Tag, ein Freitag um neun Uhr abends, an dem sie mir in meinem Sprechzimmer gegenübersitzt. Eine attraktive, gepflegte Enddreißigerin mit Universitätsabschluss in Rechtswissenschaft, eine gebildete und dabei einfühlsam wirkende Frau, deren Lebensgefühl jedoch zumindest derzeit von existentieller Verunsicherung geprägt wird. Sie wirkt eindeutig erschöpft, fast ein wenig verhärmt. Dabei erzählt sie mir eine Bilderbuchgeschichte, das Idealskript des Lebenslaufs eines jungen Akademikerpaars, ganz so, wie wir es von Kindesbeinen an auf allen Medienkanälen und in jeder Stufe unserer Bildungseinrichtungen eingehämmert bekommen, um als erfolgreich durchzugehen und unsere Eltern und die Gesellschaft zufrieden mit uns zu machen. Zumindest trifft das auf den ersten Teil ihrer Geschichte zu.

Bettina lernt den sieben Jahre älteren Stephan im Rahmen eines Praktikums im Jahr vor ihrer Promotion kennen. Es passt vieles zwischen den beiden: berufliche Interessen, Hobbys und auch die Chemie. Bald werden sie im Freundeskreis als „Traumpaar" gehandelt. Auch die beiden Familien verstehen einander und sogar Stephans Vater, der als Selfmademan mit großer Zähigkeit ein äußerst erfolgreiches Handelsunternehmen für Sanitärbedarf errichtet hat, ist erstmals mit einer Entscheidung seines Sohns zufrieden, denn die zielstrebige, fleißige Bettina ist genau nach seinem Geschmack. Einer traumhaften Hochzeit folgen vier arbeitssame Karrierejahre des jungen Paars. Bettina engagiert sich mit vollem Einsatz in der Rechtsabteilung eines großen Unternehmens. Sie kann die Leitung zuerst interimistisch, dann auch – bedingt durch ihr Führungsgeschick und ihre hohe fachliche Kompetenz – permanent übernehmen, als ihre Chefin krankheitsbedingt ausscheiden muss. Stephan gelingt es in seinem Unternehmen, einer großen Versicherungsgesellschaft, im Zusammenhang mit einer geplanten Südosteuropa-Initiative zu punkten. Er übernimmt ein bedeutendes Länderprojekt und erste Gerüchte einer möglichen späteren Bestellung in den Vorstand tauchen auf.

Alles ist auf Schiene. Ein Leben mit hohem Einsatz, belohnt mit Anerkennung, Bewunderung und bestechendem wirtschaftlichen Erfolg. Jetzt scheint der richtige Zeitpunkt für das nächste Etappenziel im großen gesellschaftlichen Repräsentationsspiel der Erfolgreichen gekommen zu sein: Ein Eigenheim wird gebaut, gleich in allererster Lage, denn die Zeichen stehen ja auf Erfolg und so ist es besser, als später wieder um-

ziehen zu müssen. Auch will man lieber gleich ein wenig größer dimensionieren, denn man baut ja nicht alle paar Jahre und will sich nicht zusammendrängeln müssen.

Das erste Kind stellt sich ein, das Familienglück hat seinen Zenit erreicht, alle sind zufrieden, wenngleich unter hohem Druck. Bettina entscheidet sich, obwohl ihr vom Unternehmen „home office" angeboten wird, für eine rasche Rückkehr an ihren Arbeitsplatz, bereits knapp nach dem Ablauf der gesetzlichen Mutterschutzperiode. Sie fürchtet, dass ein Kollege eine längere Abwesenheit nützen könnte, ihre Position als Leiterin der Rechtsabteilung zu unterminieren. Knapp ein Jahr später wird Bettina wieder, nicht ganz geplant, aber doch willkommen schwanger. Auf diese Weise lässt sich das Thema „Kinderkriegen" wenigstens zügig erledigen, so die Einschätzung des Paars. Doch bereits das zweite Kind wird zur (damals noch erfolgreich gemeisterten) Nagelprobe für das Paar. Auch diesmal eilt Bettina aus Karriereüberlegungen rasch nach der Geburt des Kindes an ihren Arbeitsplatz zurück. Doch es hakt bei der Organisation. Das zweite Kind, ein Mädchen, ist ein Schreibaby und damit, ganz anders als es der erstgeborene Sohn war, in der Versorgung aufwändig. Bettinas Mutter ist zwar bereit, in gewissem Ausmaß unterstützend in die Kinderbetreuung einbezogen zu werden, aber gleichzeitig macht sie klar, dass sie nun, nachdem sie in Pension gegangen ist, ihre weiteren Lebenspläne unbeeinträchtigt von familiären Pflichten leben möchte.

Bettina und Stephan bekommen mithilfe eines osteuropäischen Kindermädchens das Schiff ihrer Familie wieder auf Kurs. Nach zwei anstrengenden Jahren scheint zumindest vordergründig alles auf dieser Seite zu passen. Beide sind stark im Beruf engagiert und der wirtschaftliche Druck der Kreditraten für das Haus macht deutlich, dass eine Fokusverschiebung in Richtung mehr Familienzeit nicht angebracht ist. Für Bettina und Stephan fühlt sich das normal an, wenn sie sich im Kreis ihrer Freunde umblicken, die alle in ähnlichen beruflichen Positionen sind.

Wenngleich sie es beide bedauern, nicht mehr gemeinsame Zeit mit den Kindern zu haben.

Dann sieht sich Bettina wieder mit einem positiven Schwangerschaftstest konfrontiert. Jede Vernunftüberlegung legt nahe, dass im bestehenden System kein Platz für ein weiteres Kind zu finden ist. Ein Fremdwährungskredit für den Hausbau, ehemals als genial gehandelt, hat sich zu einem Bumeranggeschäft entwickelt. Die Kinderbetreuung und die tägliche Lebensführung auf hohem Niveau sind gerade eben gemeinsam bestreitbar. Auch Freunde und der Rest der Familie raten aus Vernunftgründen von einem weiteren Kind ab. Dennoch entscheidet sich das Paar nach zermürbenden Diskussionen, die allesamt in die Richtung eines Schwangerschaftsabbruchs weisen, letztendlich doch für das Kind. Stephans Berufung in den Vorstand für den kommenden Herbst ist eigentlich nur mehr eine Formsache und die damit verbundene wirtschaftliche Erleichterung bereits in Sicht.

Die dritte Schwangerschaft steht unter keinem guten Stern. Bettina leidet unter Eklampsie, es kommt zu einer vorzeitigen Plazentalösung und das Kind muss mit einem Notkaiserschnitt geborgen werden. An die gewohnte rasche Rückkehr an den Arbeitsplatz ist für Bettina nach diesem schwierigen Lebensstart des dritten Kindes und einer damit einhergehenden leichten Entwicklungsverzögerung nicht mehr zu denken. Stephan gerät noch mehr unter Druck. Immer schon enorm genau und gewissenhaft in seiner Arbeitsweise entwickelt er einen von außen manisch anmutenden perfektionistischen Arbeitsmodus. Von seinen Mitarbeitern wird er zunehmend als nörgelnd, als nie zufriedenzustellen und damit als demotivierend erlebt. Stephan wiederum fühlt sich von seinen Mitarbeiterinnen, die mit seinem Arbeitstempo nicht mithalten wollen und können mehr und mehr im Stich gelassen. Faktum ist, dass gerade dieser Versuch des Loyalitätsbeweises gegenüber seinem Unternehmen zum Schuss wird, der nach hinten losgeht. In der Konsequenz wird Stephan bei der Bestellung des Vorstandpostens übergangen. Zu vielen ist seine Führungskultur als nicht mehr vertretbar aufgefallen. Ein fataler Schlag für ihn.

„Der Tag, an dem er das erfahren hat, war für ihn schlimmer als die Zeit, in der wir nicht wussten, ob unser Sohn behindert sein wird", beschreibt Bettina den von ihr als eigentlichen Ausgangspunkt ihrer jetzigen familiären Misere lokalisierten Zeitpunkt. „Zuerst hat er noch wie besessen gearbeitet. Es war, als wollte er beweisen, dass er ungerecht behandelt worden war und er alles besser wüsste. Dann hat er zunehmend begonnen, sich einzuigeln und ist sehr zynisch geworden, wenn er von den Kollegen und der Unternehmensstrategie gesprochen hat. Auch zwischen uns hat sich mehr und mehr eine Wand aufgebaut. Er konnte überhaupt nichts mehr von mir annehmen, hat sich immer sofort kritisiert gefühlt. Den vergangenen Winter über war er dann ständig krank und grippig und dabei permanent übellaunig. Er war viel im Krankenstand, was vorher noch nie vorgekommen ist. Dann hat ihn auch noch sein Vater als Versager bezeichnet, und damit ist irgendwie alles kaputt gegangen. Wir hatten dann echt viel Streit miteinander. Immer wegen völliger Belanglosigkeiten. Er hat immer wieder gemeint, es habe alles ohnehin keinen Sinn mehr. Jetzt redet er kaum noch mit mir und ist aus unserem Schlafzimmer ausgezogen. Manche Wochenenden bleibt er die ganze Zeit im Bett, duscht sich nicht einmal und schaut nur gegen die Wand. Vergangenes Wochenende, als ich gemeinsame Freunde zum Grillen eingeladen habe, um ihn da rauszureißen, hat er gemeint, dass er Migräne habe und ist die ganze Zeit über in seinem Zimmer geblieben", beendet sie ihre Erzählung. Von ihrem Gesicht ist jetzt deutlich tiefe Verzweiflung abzulesen. „Es war total peinlich für mich. Das ist doch kein normales Verhalten mehr. Er wirkt, als wäre ihm alles egal."

Auch ich bin durch ihre Erzählung alarmiert. Die Situation wirkt bereits dramatisch zugespitzt. Wir vereinbaren einen kurzfristigen Folgetermin, für den Anfang kommender Woche, zu dem sie Stephan mitbringen wird.

Drei Tage später, und damit am Vorabend des geplanten Termins, erhalte ich einen Anruf von Sybille, jener Freundin Bettinas, die sie an mich verwiesen hat. Bettina wird nicht kommen, Stephan auch nicht. Stephan hat sich am heutigen Montagmorgen vor den Zug geworfen...

Fred hat mich mit seiner Sexsucht und der dahinterliegenden Sehnsucht, angenommen zu werden, sehr beschäftigt. Wir haben zäh miteinander gerungen, um ein Weltbild etablieren zu können, das „geliebt werden um seiner selbst willen, unabhängig von Leistung" für möglich erachtet.

Stephan, dem der Sinn in seinem Leben so nachhaltig abhanden gekommen war, dass er nur mehr im Suizid Zuflucht nehmen konnte, hat mich hingegen in gewisser Weise nie mehr losgelassen, obwohl ich ihn nur über Bettinas Darstellung kennenlernen konnte. Um es klarzustellen: Es handelte sich nicht um die unserer Berufsgruppe so gerne unterstellten Omnipotenz-Phantasien. Mich hatte nicht der Größenwahn befallen, anzunehmen, ich wäre der Grund für die Heilung meiner Patienten, was dann im Fall des Suizids eines Patienten postwendend zu einer tief erlebten persönlichen Kränkung beim Therapeuten führen kann. Der Therapeut fühlt sich dann von dem „sich auf diese Weise entziehenden" Klienten zurückgestoßen und in seiner Bedeutung als Quelle der Heilung nicht akzeptiert.

Nein, das war nicht mein Thema. Zu diesem Zeitpunkt meiner beruflichen Karriere hatte ich den Wunsch, mir schillernde Pfauenfedern anzustecken, bereits aufgegeben. Das war ein langer Prozess und nicht einfach gewesen, aber inzwischen war ich so weit. Dass unser Beruf einen demutsvollen Zugang braucht, der schon in der Wurzel des Wortes „Therapeut" im Sinne von „Diener" verankert ist, und dass wir lediglich Werkzeuge, die Außenperspektive einer gegebenen Struktur sind, war mir bereits klar geworden. Es gab also ganz sicher keine von Ärger getragene Überlegung à la „Ach, wäre er nur rechtzeitig zu mir gekommen, ich hätte es verhindern können."

Wenn wir Lebensschicksalen oder skurrilen Lebensbewältigungsstrategien wie der von Fred begegnen oder Zeuge einer Lebenskatastrophe wie bei Stephan werden, dann schütteln wir den Kopf oder sind erschüttert und halten kurz inne. Auf jeden Fall ist es uns wichtig, diese „Geschichten" als Spezialfälle zu sehen, als Einzelfälle und damit als etwas, was ganz sicher absolut nichts mit uns oder mit dem, was wir landläufig als gesellschaftliche Normalität bezeichnen, zu tun haben könnte. Das ist der Zeitpunkt, wo wir kollektiv vorzugsweise und großzügig in die Schublade pathologischer Etikettierung greifen, um rasch genetische Dispositionen oder hinter dem Verhalten liegende federführende Geistesstörungen namhaft zu machen. Vulgärpsychologen lokalisieren dann gerne mit stirnrunzelndem Pathos die Quelle des Übels im Elternhaus. Damit haben wir Erklärungsmodelle, die uns tieferes Nachdenken ersparen und uns vor allem ermöglichen, einfach ungestört mit unserem eigenen Lebensmodell weiterzumachen.

Aber beide Fälle lösten starke Emotionen in mir aus, führten zu einem intensiven Resonanzerleben. Wann immer Fred oder Stephan in meinen Gedankengängen auftauchten, fühlte ich eine scheinbar ganz unangebrachte Hintergrundmusik von Wut auftauchen. Wie geschieht es, fragte ich mich, dass zwei hoch begabte, durchwegs prosoziale, erfolgreiche Menschen so furchtbar scheitern? Fred und Stephan waren beide in ihrer jeweiligen früheren Lebensgeschichte nie auffällig geworden. Man könnte sagen, sie waren „brave, angepasste Kinder" gewesen, die ihre Schullaufbahn mit Virtuosität gemeistert hatten und damit genug Anlass gegeben hatten, ihnen auch eine positive Zukunft zuzutrauen. Auf der gängigen Erfolgsskala traf dies ja dann auch zu, während in ihrem Inneren ein immer tieferer Graben aufgebrochen sein muss, bis sie, jeder auf seine Weise, in die Katastrophe schlitterten.

Natürlich stimmt es, dass Fred und Stephan eigenverantwortlich sind und jeder für sich genommen als ein „spezielles, gewachsenes Kunstwerk" gesehen werden kann. Man kann hier also ganz sicher auch mit Fug und Recht argumentieren, dass Fred vielleicht „zu sensibel" auf die Traumata seiner Kindheit reagiert hat, was natürlich ganz alleine seine Sache und Verantwortung ist. Oder man könnte argumentieren, dass Stephan einfach über ungenügende „coping strategies" für den Umgang mit den Stressoren durch die Ereignisse rund um seine Familie und seinen Beruf verfügt hat, was zwar höchst bedauerlich und in seinem Fall unglücklicherweise sogar fatal ist, aber dennoch ganz alleine sein Problem bleibt.

Ja, ganz genau das bleibt über von Fällen wie Fred oder Stephan. Nämlich, dass sie eben in der einen oder anderen Art nicht „gut genug", nicht „stark genug" oder „hart genug" gewesen wären, um im großen Lebensspiel nachhaltig zu punkten. Doch hier, in der Vermittlung der Spielregeln, herrscht Betrug. Das entflammte meine Wut. Sowohl Fred wie auch Stephan waren beide punktgetreu den geltenden gesellschaftlichen „Spielregeln und Werten" entsprechend sozialisiert und in ihrem eigenen Betriebssystem „aufgesetzt" worden, wobei keine der Stammfamilien in ihrer Biographie über das Durchschnittsniveau des gängigen Neurotizismus hinausragte. Sie hatten entsprechende eigene Lebensüberzeugungen und, bedingt durch ihr hohes Kompetenzportfolio, Bilderbuchlebensläufe hingelegt. Und doch herrschte dahinter Aushöhlung und irgendwann ein abgebrannter emotionaler Ruinenstatus, der nur mehr in selbstbeschädigender Weise ein freudloses Leben aufrecht zu erhalten vermag oder diesem sogar mit Selbstmord ein Ende setzt.

Hier tauchte für mich der unter der Wasseroberfläche unseres Bewusstseins gut verborgene riesige Teil des Eisbergs auf, an dem unsere Gesellschaft gerade wie die Titanic leck gerissen wird. Die Spielregeln, nach denen wir sozialisieren, sind Betrug. Die Gesellschaft schickt uns im wahrsten Sinne des Wortes auf eine Laufbahn und feuert uns unaufhörlich mit den mannigfachen Peitschen einer drohenden Anerkennungsverweigerung zu Höchstleistungen an. Doch man sagt uns nicht, dass am Ende der Bahn der Abgrund wartet und wir rechtzeitig bremsen müssen, weil die Gesellschaft in der wir leben *die Burnout-Gesellschaft ist.*

Gesellschaft des Sinnverlusts – Gesellschaft der Entfremdung – Burnout-Gesellschaft

Ein deutscher Wirtschaftsstudent ist als Praktikant in London an seinem Schreibtisch tot zusammengebrochen. Er hat tagelang durchgearbeitet. Der Verdacht, dass er einer akuten Überarbeitung, einem fulminanten Burnout erlegen sein muss, liegt nahe. Das mobilisiert genügend Schrecken und Gänsehaut, um ein deutsches Fernsehmagazin auf den Weg einer Fahndung nach dem Phänomen zu schicken. „Gibt's denn so etwas überhaupt? Einen akuten Tod am Arbeitsplatz?", fragt die ungläubig verstellte Stimme des Sprechers scheinheilig, um den gespannten Zuschauer gleich mit einem glatten „Ja!" richtig einzustimmen. Die Redaktion hat keine Mühe für die Aufklärung gescheut. In Japan ist man fündig geworden. Dort hat diese, wie es in verkürzter Logik heißt, „durch den Arbeitsplatz verursachte Todesart" sogar einen eigenen Namen: Karōshi (過労死). Der Sprecher stößt dies mit tiefem Ernst, ja fast Andacht und einem Schuss Faszination in der Stimme hervor. Man weiß nicht recht, ob es sich hier um eine medizinische Diagnose eines Syndroms handelt oder ob ein neues schillerndes Tier vorgestellt werden soll. Jedenfalls folgen alarmierende Bilder von Notarzteinsätzen, der piependen, blinkenden Apparatemedizin von Intensivstationen und händeringenden weinenden Angehörigen. Das Interview mit einer Japanerin wird im Hintergrund mit japanischen Untertiteln begleitet, was natürlich keiner versteht. Aber hübsch und dramatisch wirkt es immerhin. Dann noch ein Kameraschwenk über im Stehen einschlafende japanische Angestellte in einem dichtgepackten U-Bahn Zug und danach kommt einer zu Wort, der lieber von Montag bis Freitag in einem Schlafkapselhotel bleibt und uns bedauernd mitteilt, dass er seine Familie nur am Wochenende sehen kann, bevor er das Rollo seiner kleinen Koje hinunterzieht.

Jetzt ist es uns als Zuseher beim Thema Burnout schon ziemlich bange. Wenn der Sprecher, noch immer mit der Stimme des guten Verkäufers, der vorzugeben vermag, mit seinem Produkt die Lebensumstände zu erhellen, in die Schwärze der Überblendung hineinfragt, ob es denn so etwas auch in Deutschland geben kann, ahnen wir Böses. Ein junger Mann, etwas älter als jener, der in London verstorben ist, aber im gleichen Bankeroutfit, ist der Gesprächspartner. Frankfurts Skyscraper-Szene ist die Kulisse. Er plaudert frei von der Leber weg über 70–100 Arbeitsstunden pro Woche in der Finanzbranche. Aber auch in anderen Sparten wäre dies durchwegs üblich, um sich als karrieretauglich zu erweisen. In seiner Stimme liegt genau die richtige Mischung von Empörung und Resignation, die Unmenschlichkeit als Normalität zu präsentieren vermag. Er bringt es auf den Punkt: Eine mörderische Arbeitswelt, aber einfach normal so. Viele schaffen das eben nicht, sind nicht hart genug, würden den Einsatz eben nicht bringen können und es dann mit einem Cocktail aus Drogen, Aufputschmitteln sowie dämpfenden Medikamenten und Alkohol als Booster versuchen. ER nicht. Zu diesem Zeitpunkt sehen wir, die besorgten Zuschauer, ihn bereits auf der Ladefläche seines Kombis der oberen Vehikelklasse sitzen und können beobachten, wie er sich seine Sportschuhe einer führenden Marke an die Füße knallt. Er setzt natürlich auf Sport als Ausgleich, fünfmal die Woche.

Das ist ein guter Übergang zu den Experten, die für dieses Thema unverzichtbar sind. Ein Psychologe, der eine spezielle Klinik für Burnout-Fälle in Deutschland betreibt und diese gerade heftig vergrößert, kann sich über zweijährige Wartezeiten für die Aufnahme von Patienten freuen und erklärt uns, dass auch in Deutschland mehrere hundert derart dramatische Fälle vorkämen. Die Kamera gewährt uns Blicke auf einen Gebäudekomplex im Grünen und in wenig sagende Therapiezimmer, in denen vermutlich Psycho-Kung-Fu gegen die Arbeitswelt gelehrt wird.

Dann wird die Reportage endlich hautnah. Ein Burnout-Betroffener aus dem Spitzenmanagement kommt zu Wort. Er will nicht erkannt werden. Burnout ist ein Schamthema, so lernen wir ganz nebenbei. Also flimmert über seinem Gesicht eine eiförmige Vernebelung, während er vom Adrenalinkick erzählt, den er in einer das Maximum abverlangenden Alphaposition erlebt hat, während er von Sitzung zu Sitzung eilte. „Nur mehr dieses Projekt", bekennt er heute, war das Mantra, mit dem er sich selbst immer weiter gepeitscht hatte. Außerdem die Angst, in seiner Position zu enttäuschen. Das Aus war dann sehr plötzlich und unerwartet für ihn da gewesen. „Zack!" – Er sei ganz einfach bei einer Sitzung ohne Vorankündigung weggekippt, zusammengebrochen, habe das Bewusstsein verloren. Irgendwie schwingt in seiner Erzählung mit, dass er sich selbst als nicht hart genug hat erkennen müssen. Heute, nach der Therapie, schaffe er noch dreißig Stunden, mehr ginge nicht, zwar noch Führungsposition, aber eben nur mehr dreißig Stunden lang.

Wenn die Arbeitswelt doch so unmenschlich ausbeuterisch ist, denke ich mir, wieso kann der in einer oberen Managementposition eines Unternehmens einfach so nur dreißig Stunden arbeiten? Aber diese Feinheit passt nicht ins gefertigte Bild und wird natürlich nicht aufgegriffen. Fällt wahrscheinlich ohnehin niemandem auf. Stattdessen macht uns der Sprecher dann noch mit ein paar statistischen Zahlen zu unterschiedlichen „normalen" Berufsgruppen deutlich, dass Burnout uns alle betrifft. Nicht nur jene, die sich in die Chefetagen hochgeturnt haben. Jetzt kann keiner von uns Zusehern mehr wegsehen: Burnout betrifft uns alle.

Wir haben das Burnout-Etikett erfunden, damit es uns glaubhaft gelingt, den Zusammenbruch des Einzelnen als ein nur ihn betreffendes Phänomen begreifen zu können. Wahlweise sehen wir dann die mangelnde Belastbarkeit des Betroffenen oder eine unstatthafte Überlastung durch einen Arbeitgeber als Ursache an. Und manchmal eben beides. Das ist praktisch und beruhigt, solange man nicht selbst davon betroffen ist. Es hält alles sozusagen draußen vor der Tür.

Doch es handelt sich um eine glatte Lüge – die Burnout-Lüge. Sie soll uns über die Präsentation der „üblichen Verdächtigen" am Weiterdenken hindern. Sie soll das eigentliche Phänomen vernebeln, das darin besteht, dass trotz ausgefeiltem Arbeitsschutz und größter Möglichkeit zu persönlicher Selbstrealisierung, über die noch keine Generation vor uns verfügte, immer mehr Menschen in den Sinnverlust abdriften. Besser an uns selbst oder an unseren Arbeitsplätzen zweifeln, als am System, das die Regeln vorgibt und unsere Werte definiert. Das ist die Devise. Das System darf nicht hinterfragt werden, es gilt als unantastbar, es verkörpert nach konventioneller gesellschaftlicher Übereinkunft die Realität und nimmt damit den Stellenwert der ultimativen Wahrheit ein.

Die Regeln des Systems gelten für uns alle, und damit betrifft uns Burnout auch wirklich alle. Denn wir leben unter einem Regime, das in seiner Mechanik heute bereits auf die Spitze getrieben ist und sich jenseits dessen, was für den Menschen erträglich ist, verselbständigt hat.

Doch wie sehen diese Mechanismen, die eine so fragwürdige Orientierung spenden, aus? Welche sind die dahinterliegenden Überzeugungen, die uns eingetrichtert werden und die diese Art von resignativem Zusammenbruch, von tief erlebter Entfremdung von den Mitmenschen und am Ende sogar von sich selbst in immer größerem Umfang provozieren? Ist damit nicht als letzte Ausbaustufe der Systemkollaps selbst programmiert?

In jeder Diskussion – sei sie auf Ebene einer honorigen von Wirtschaft oder Politik geladenen Expertenrunde angesiedelt, auf saloppem Talkshow-Niveau für den Durchschnittsbürger oder im markigen Milieu der Bierkrüge stemmenden Kneipenrunde verankert – sind Wachstum und Konsum die unhinterfragbaren Dogmen. Wachstum und Konsum sind Killerargumente. Wer an gut gewählter Stelle „Die Wirtschaft braucht

Wachstum, damit unser Wohlstand gesichert ist" und „damit das Wirtschaftswachstum gesichert ist, muss der Konsum durch ... (hier lässt sich nahezu alles anführen) angekurbelt werden", zu platzieren weiß, macht damit für gewöhnlich alle anderen mundtot. Da traut sich keiner ernsthaft zu widersprechen, der nicht unbedingt riskieren möchte, als jemand gebrandmarkt zu werden, der bereit ist, die Bevölkerung in die Verelendung zu schicken. Viel besser als dogmatische Glaubensüberzeugungen von Religionsgemeinschaften sind Wachstum und Konsum in unserem gesellschaftlichen kollektiven Unbewussten als überlebenswichtig für das Gesamtsystem verankert. Glück und Zufriedenheit und vor allem Wohlstand kann nur eine „gut funktionierende Wirtschaft" garantieren. Diese braucht Konsum und Wachstum, das weiß heute jedes Kind. Da gibt es feine, polychrome und selbst dem schlichtesten Gehirn nahezubringende Diagramme.

Der kursierende Wachstumswahn und die mannigfach angeheizte Konsumsucht sind die logische Konsequenz dieser Steigerungsgesellschaft, die in einem reduktionistischen Materialismus die Lösung der Sinnfrage geparkt hat. Die heiligen Kühe Wachstum & Konsum gehören zueinander wie Dick & Doof und benehmen sich auch nicht viel besser. Konsum macht glücklich, auch das weiß jeder, der die Erfahrung gemacht hat, nach Herzenslust shoppen zu gehen. Noch mehr Konsum macht noch glücklicher. Das folgt einer simplen Logik und wird durch zahlreiche Realityshows belegt: In ihnen darf man entweder Reich und Schön in ihrer konsumorientierten Tagesinszenierung aus einer neidvollen Perspektive folgen. Oder es wird durch ausgewählte, mit speziellem Portfolio ausgestattete Kandidatinnen demonstriert, die im Gegenzug ihre Privatsphäre zu exhibitionieren haben. Konsum macht aber nicht nur glücklich, so die Suggestion, sondern ist gleichzeitig der Brennstoff für den Wachstumsmotor. Da Wachstum laut dem geltenden Dogma überlebenswichtig ist, ist Konsum also unbedingt zu fördern. Mit diesem Ansatz sollten dann eigentlich alle zufrieden, das Leben perfekt und alle Probleme gelöst sein – wenn er denn stimmt.

Augenscheinlich stimmt er allerdings nicht. In einer jener Hochglanzfrauenzeitschriften, die den Anspruch erheben, definieren zu können, was eine „richtige" Frau ausmacht, konnte ich beim Durchblättern lesen, dass jede durchschnittliche Frau in unseren Breiten über fünfzig Paar Schuhe verfügt. Das unterschreibe ich sofort, auch die Meterangaben zur Garderobe. Meine Großmutter hatte mit an Sicherheit grenzender Wahrscheinlichkeit ihr gesamtes Leben über nicht mehr als fünfzig Paar Schuhe an ihren Füßen. Der Kleiderschrank meiner eigenen Mutter war auch noch ziemlich schmal. Gleichzeitig hat nach zahlreichen Studienergebnissen die gut beschuhte, durch die Stangenreihen ihrer Klamotten flitzende moderne Frau eine wesentlich höhere Chance ihre Berufsfähigkeit, die immerhin ihre Lebensgrundlage ist, durch eine psychische Störung einzubüßen, als dies für meine Großmutter oder Mutter noch der Fall gewesen wäre.

Wieso sind wir nur so blöd und glauben diese ganze Geschichte vom unbegrenzten Wachstum und geilen Konsum? Unbegrenztes Wachstum in einem begrenzten System, wie es unsere Gesellschaften mit ihren notwendigen Lebensprozessen und letztendlich auch der Globus mit einem limitierten Ressourcenpool sind, klingt stark nach dem Traum vom perpetuum mobile. Oder nicht?

Für das Erfolgsmodell des grenzenlosen Wachstums gibt es scheinbar jede Menge Referenzen. Kleine Familienbetriebe, die in Hinterhöfen und windzugigen Garagen unter mannigfacher Unbill ihrer Geschäftsidee zum Durchbruch verhalfen und sich später zur weltumspannenden Unternehmenskette mauserten, lassen den Entrepreneur in uns eine verstohlene Träne der Rührung zerdrücken, während ein unhörbares „Yes, we can!" in unserer Brust aufsteigt. Schaut man sich die Erfolgsgeschichten und Entwicklungs- und Lebenszyklen dieser Unternehmen dann genauer an, so stellt man fest, dass sie nahezu immer die Sturmmarke des Untergangs oder einer schmerzvollen „Gesundschrumpfung" erreichen, wenn sie nicht auf organisches Wachstum hin zu einem Equilibrium gesetzt haben, sondern sich der unbegrenzten Expansion verschreiben. Und haben wir nicht sogar den Untergang von als Institutionen gehandelten Unternehmen in der jüngeren Vergangenheit und auch Gegenwart bereits zuhauf erleben müssen? Dieser Umstand erscheint mir weniger magisch begründet, als vielmehr ein biologisches Prinzip zu repräsentieren. Grenzenloses Einzelwachstum ist ein selbstlimitierender Prozess mit extrem hohem Preis, was ganz einfach am Beispiel einer Krebserkrankung ersichtlich wird.

Bei der Krebserkrankung kommt es zur Entkopplung kommunikativer, regulativer Prozesse zu Gunsten des ungebremsten, man könnte ruhig sagen narzisstischen Wucherns von zu Krebszellen mutierten Zellverbänden. Interessant ist dabei, dass es in höheren Stadien der Erkrankung, neben metastatischer Absiedelung in andere Körperorgane, zu sogenannten regressiven Metamorphosen im oft gigantisch gewucherten Tumor selbst kommt, er sozusagen die Kommunikation mit sich selbst verliert, seine eigene weitere Versorgung zunehmend gefährdet ist und er in der Folge zu zerfallen beginnt, wobei er ungebremst den Gesamtorganismus konsumiert. Am Ende dieses Prozesses steht der Tod: der Tod des Tumors und des Gesamtorganismus. Ein hoher Preis für die ungebremste Selbstinszenierung von ein paar degenerierten Zellen.

Eine recht anschauliche und zugegeben grausige Metapher, die dennoch viele Parallelen zu Unternehmen aufweist, denkt man an die mit zunehmender Firmengröße oft aufgeblasenen Overheadentwicklungen und die wilde Expansionspolitik, die besonnene Stimmen zumeist als Miesepeter denunziert und keinem Hausverstand mehr zu gehorchen scheint.

Doch wir laufen wie Lemminge hinter dem Rattenfänger her, frei nach dem Grundsatz: Sobald eine Idee genügend „follower" hat, kann sie nur richtig sein. Und die Story von Konsum und Wachstum trägt natürlich, wie jede Idee, die die Macht hat, Massen zu bewegen, einen Bodensatz an erlebbarer Wahrheit in sich: Organisches Wachstum hinein in ein Equilibrium, Konsum, dem spürbare Grundbedürfnisse zu Grunde liegen und deren Befriedigung möglich gemacht wird, tragen natürlich wirklich eine beglückende Potenz in sich. Mein erstes, nach schlaflosen Nächten, zahlreichen Besuchen im Möbelhaus und heftigen Kalkulationen erstandenes Sofa bedeutete Glück. Es hatte die aus dem Sperrmüllfundus meiner Eltern stammenden giftgrünen Fauteuils ersetzt, durch deren Polsterung sich in gänzlich unorigineller Weise die Federung schon längst durch den Stoffbezug ihren Weg gebahnt hatte. Auch mein durch Studentenjobs erarbeitetes erstes Auto, von einem Beamtenkollegen meines Vaters übernommen, löste ein starkes Glücksempfinden aus, wann immer mir der Schlüssel aus der Handtasche entgegenblinkte. Ebenso meine Waschmaschine, die mich von der Notwendigkeit befreite, quer durch Wien mit meinen Wäschebergen zu meiner Mutter pilgern zu müssen oder mich an die Öffnungszeiten von Waschsalons zu halten.

Das alles waren nachhaltige Glücksgefühle, die mit Konsumgütern in Zusammenhang standen. Dort, wo sorgfältig, mit Bedacht abgewogen und ausgewählt wird und eine nachhaltige und die tägliche Lebensführung entlastende Funktion durch Konsum erzielbar ist, macht Konsum wirklich glücklich. Doch mit der Einhaltung eines derartigen Kriterienkatalogs sind in unseren Breiten kaum mehr Märkte anheizbar, die Shareholder-Values bedienen oder Machtakkumulation schaffen könnten. Dafür braucht es heute bereits die artifizielle Generierung von Bedürfnissen. Eine auf Nachhaltigkeit ausgerichtete Konsumhaltung, die sich in ihren Kriterien auf einen tatsächlichen Bedarf gründet, ließe sich wahrscheinlich am besten über lokale Gemeinschaften und kooperative statt konkurrenzorientierte Ansätze befriedigen. Aber wer will das schon, außer ein paar Phantasten? Selbst wenn die sich vielleicht am Ende des Tages dann doch als die eigentlichen Realisten unter uns erwiesen haben werden.

Dies würde gleichzeitig mit einer gänzlich neuen Bewertung von Arbeit und Erfolg durch jeden Einzelnen einhergehen müssen. Ganz nebenbei würde damit die Bibel des bestehenden kapitalistischen Wertekanons gefährlich auf den Kopf gestellt.

Das Hochschrauben der Konsumbedürfnisse hat stellenweise bereits skurrile Dimensionen angenommen. Der Druck der Steigerung, der die Entwicklung immer neuer Begehrlichkeiten benötigt, um Nachfrage und Absatz zu generieren und damit die Produktion zu befeuern, hat längst in ein dereguliertes, vielfach sinnbefreites Konsumverhalten geführt. Alles wird produziert und verkauft, wenn es nur gelingt, die notwendige Konsumgier zu wecken. Die Werbeindustrie investiert Millionen, um unseren tiefsten Bedürfnissen nach Zugehörigkeit und persönlicher Aufwertung mit immer perfider simulierter Passgenauigkeit begegnen zu können und damit die Unwiderstehlichkeit von zumeist sinnlosen Produkten zu garantieren.

Ob es die Suggestion einer Strandszene ist, die mit einer speziellen Getränkemarke zum unvergesslichen Jugenderlebnis werden soll, auch wenn wir schon in der Lebensmitte stehen, ein Haarvolumenbooster, der Rapunzel zur Ehre gereicht hätte oder ob alle plötzlich unbedingt ein rund fünf- bis siebenhundert Euro teures Zwergschwein zum Haustier wollen, seitdem die rosaschwarz gefleckten Biester mit Paris Hilton das Bettchen teilen, ist egal. Alles darf ohne Widerspruch bis zur kollektiven Verblödung inszeniert werden, solange es der Ankurbelung von Konsumbedürfnissen dient.

Diese Inszenierung gilt heute sogar bei der Konsumation des Zwischenmenschlichen. So hörte ich es einen hemdsärmeligen Kandidaten in einer Art Partnersuchsendung formulieren: „Der Deal muss einfach stimmen." Er hat dann gleich auch noch den Katalog seiner guten Eigenschaften heruntergebetet und mit peinlicher Intimgenauigkeit ausgerastert, was er von einer in Frage kommenden Frau verlange, während er sich im Rahmen der Unterdrückung seiner Mediennervosität die Oberschenkel knetete und zu guter Letzt sein Jahreseinkommen in die Kamera strahlte. Der Kandidat wurde vom Moderator wegen seiner ehrlichen, klaren Sprache, seiner Offenheit und Bereitschaft, sich in die Karten schauen zu lassen, gelobt. Das schloss auch die Preisgabe der gewünschten Intimfrisur seiner noch unbekannten zukünftigen Angebeteten ein. Mit dieser Haltung, so wurde ihm in Aussicht gestellt, werde er sicher bald „die Richtige" an Land gezogen haben. Ich hatte kurz die Vision eines Viehmarkts vor Augen und habe mir gedacht, dass die Sprache des narzisstischen Individualismus jetzt wirklich salonfähig geworden ist. Diese Konsumation der Beziehungsebene scheint nur, entgegen der Moderatorenmeinung, irgendwie nicht wirklich zu funktionieren.

Schauen wir uns die nüchterne Statistik an, so stellen wir anhand der Zunahme des Anteils an Singlehaushalten eine Zertrümmerung des sozialen Kollektivs fest. Lebten 1985 zum Beispiel 25 Prozent der deutschen Bevölkerung zwischen 30 und 59 Jahren als Single, so waren es 2009 bereits 38 Prozent. Da fällt die beste Familiengründungszeit hinein, und auch jene Periode, in der man sich an den Mechanismen der Beziehungsführung abschleift oder aber als Single mehr und mehr zum hochindividualisierten Einzelindividuum mit eigenen, über die Jahre fest etablierten Lebensritualen und Gewohnheiten wird.

Allerdings braucht auch der Single in seinem eigenen kleinen Ein-Personen-Haushalt ein eigenes TV-Gerät, einen Toaster, eine Waschmaschine, ein Sofa, einen Esszimmertisch, eine Deckenbeleuchtung und möchte noch vieles andere mehr sein Eigen nennen, womit er den Bedürfnissen der Konsumwirtschaft brav in die Hände spielt. Darum wird Single zu sein auch in vielen Society-Magazinen angepriesen. Die damit verbundene Freiheit und Ungebundenheit, die Möglichkeit, immer neu und ohne lästige Verbindlichkeit gestalten zu können, wird mit verklärtem Pathos beleuchtet. Single zu sein und eine Freundesfamilie aufzubauen gilt als das Erfolgsrezept – für die Wirtschaft, denn das schafft zusätzliche Absatzmöglichkeiten. Es stellt sich aber die Frage, ob es für die langfristige Lebensplanung des einzelnen Menschen das beste Modell ist.

Statt mit dem Sinn unseres Lebens befassen wir uns mit immer besseren und immer ausgefeilteren Produkten. An den Besitz dieser Produkte knüpfen wir Macht und die Suggestion von Glück. Das nur mit Voranmeldung zu bekommende Smartphone der neuesten Generation wird zur Selbstwertikone.

Dafür campiert man schon auch einmal in einem Anfall von Verwegenheit vor der Ladentüre. Doch dieser Ansatz ist leer. Der Ton, der in dieser hohlen Konstruktion von den uns alle treffenden Lebensstürmen erzeugt wird, klingt bei genauerem Hinhören zumeist jämmerlich. Denn wir sitzen in der Sinnentleerung fest.

Um dies nicht zu spüren, wird der moderne Mensch mit immer neuen Konsumzielen behängt. Die gesellschaftliche Konsumideologie achtet dabei in ihrer Ansprache sehr genau darauf, die Ziele, also das, was es für die jeweiligen sozialen Gruppen zu erreichen gilt, um zu den Erfolgreichen zu gehören, immer ein wenig zu hoch aufzuhängen. Dem kleinen Angestellten wird das Eigenheim in Reihenhausformat mit etwas Anspannung als durchwegs erschwinglich dargestellt, dem Notstandsbezieher der Ratenkauf eines überdimensionalen Flatscreens, und der Akademiker hat die Insignien seines Standes mit langfristigen Krediten anzupeilen, um als respektabel durchzugehen. Jede Schicht bekommt einen vorfabrizierten Katalog und Symbole des sogenannten erfolgreichen Lebens verpasst und soll sich nun maximal für deren Erreichung anstrengen.

Wichtig ist dabei nur, den merkantilen Zugzwang zu erhalten, die Menschen in Abhängigkeit zu halten und nicht zur Ruhe, zum Nachspüren, Nachdenken, zum Ausscheren aus der Kohorte der Konsumgläubigen kommen zu lassen. Selbst festlegen zu wollen, ob man das alles braucht, gilt als reaktionär und zieht rasch den sozialen Ausschluss nach sich. Im besten Fall kann es einem noch gelingen, als kreativer Eigenbrötler durchzugehen, doch da sollte man dann zumindest regelmäßig Gedichte schreiben oder sonst wie ein Naheverhältnis zur Kunst oder zumindest zum Kabarett pflegen, damit man noch gegrüßt wird. Denn für wirklich normale Menschen ist Nachdenken und selbst entscheiden, was man braucht, schon lange obsolet.

Auf diese Art dient der Mensch dem System und ist zum Serviceorgan seiner Aufrechterhaltung degeneriert. Das System dient hingegen nicht mehr dem Menschen. Tief in unserem Inneren fühlen wir das, diese Aushöhlung unseres Menschseins, die Folge eines reduktionistischen Materialismus, der alles kommerzialisiert. Der Kapitalismus frisst die Seelen der ihn tragenden Menschen und damit sich selbst auf. Der Burnout-Patient ist von seinem Persönlichkeitsprofil her in noch viel höherem Ausmaß als der Durchschnittsmensch den Systemregeln von hoher Leistungsbereitschaft, Selbstveräußerung und Aufopferung fürs „große Ziel" verpflichtet. Außerdem ist er mit einem besonderen Hunger nach Anerkennung durch eine Außenreferenz zur Aufrechterhaltung des eigenen Selbstwerts ausgestattet. So wird er zum Seismographen dieser Fehlentwicklung. Er schmeckt das Bittere der Gesellschaftslüge als erster. Als Belohnung dafür wird er umgepolt oder dauerhaft ausgemustert.

Wer nicht mitspielen kann, wird vom Spielfeld geschickt. Ein Leben im Hinterhof

Petra kommt auf Betreiben eines Privatversicherers zu mir. Ich soll feststellen, ob sie tatsächlich langfristig als berufsunfähig einzustufen ist und ihr daher eine entsprechende Rente ausgezahlt werden muss. Derartige Begutachtungen sind natürlich grundsätzlich heikle Zusammentreffen, denn es geht um viel, bisweilen sogar um eine jahrzehntelang auszubezahlende, größere Summe. Es verlangt Geschick und gleichzeitig Taktgefühl, wirkliche Patienten nicht unstatthaft zu verdächtigen und ihre Zustandsbeschreibung als überzogen oder unwahr zu gewichten, „Trittbrettfahrer" jedoch zu entlarven. Und dann gibt es da ja auch noch die alles umspannende Ebene „subjektiven Erlebens", die es richtig einzuordnen und sanft in Richtung des Realitätsprinzips zu lotsen gilt.

Wir vereinbaren einen Termin am späteren Nachmittag, ihrer besten Zeit, wie sie schüchtern anführt. Auf diesen „Sonderwunsch" in Bezug auf die Tageszeit habe die Krankenkasse nie Rücksicht genommen. Mir aber ist es so recht, ein Termin für 16:45 wird notiert.

Petra hat eine dicke Aktentasche voll mit Papieren auf ihren Knien liegen, als wir einander knapp eine Woche später in meiner Praxis gegenübersitzen. Sie ist eine ehemals sicher sehr hübsche, zierliche Person mit energisch wirkendem Profil und stumpfem Blick. Ihre Geschichte wirkt unspektakulär, eigentlich ein ganz normales Durchschnittsleben. Da ist wenig deutbares Material aus den Tiefen eines „Psychoschlamms" zu bergen, was ihre jetzige, nun schon nahezu drei Jahre andauernde Lebenssituation plausibel machen könnte. Vielleicht macht diese in ihrer Sprache und Gestik wie von bleischwerer Müdigkeit dominierte Frau von 52 Jahren auch gerade deswegen einen so beängstigenden Eindruck. Ich frage mich unwillkürlich, ob es jedem von uns genauso ergehen könnte.

In ihrer Kindheit lässt sich nichts Auffälliges finden. Beide Eltern waren kleine Beamte, bemüht, bieder, mit grundsätzlichem Wunsch nach etwas Wohlstand für sich und Bildung und Wohlstand für ihr Kind. Ein Pachtgarten an einem parzellierten Schotterteich, viele laue Sommerabende mit gleichgesinnten Nachbarn, Freunden und Verwandten beim Grillen. Das sind die tragenden, kolorierten Erinnerungsbilder ihrer Kindheit. Der vom Vater nach dem Vorbild der Serie Dallas selbstgemauerte Grillkamin war der Versuch, einen Hauch von amerikanischem Luxus für die Kleingartensiedlung zu reklamieren. Ein wenig lebensängstlich wirken die Eltern, vielleicht auch nur vom als Kinder erlebten Weltkrieg gedämpft, jedoch fürsorglich um ihr einziges Kind bemüht und konfliktscheu sowohl nach innen wie auch nach außen. Eine gutwillige, kleinbürgerliche Familie, die ihrer Tochter Werte wie Fleiß, Anpassung und Obrigkeitstreue ins Marschgepäck legt, damit sie es in der gesellschaftlichen Hierarchie ein Stück weiter nach oben schafft.

Grundsätzlich ehrgeizig absolviert Petra eine Handelsakademie, um sich dann für den Einstieg ins Bankgeschäft und damit für eigenes Geld statt für ein Studium zu entscheiden. Sie ist allseits beliebt, wird für ihre Kollegialität, rasche Auffassungsgabe und für die Bereitschaft, in dringenden Fällen auch einmal nach Feierabend weiterzumachen, von KollegInnen und Vorgesetzten geschätzt. Petra macht, wie dies vor rund dreieinhalb Jahrzehnten auch ohne Studium durchaus möglich war, in gewissem Umfang rasch Karriere. Dann meint sie, den Mann ihres Lebens kennengelernt zu haben. Aus dieser wenig glücklichen, achtjährigen Ehe bleiben ihr ein namhafter Berg Schulden und eine Tochter, die ihr Betriebswirtschaftsstudium im zweiten Teil abbricht und nun seit mehr als vier Jahren mit Gelegenheitsjobs durch Australien tingelt.

Petra ist also, wie so viele andere Mütter und auch ein paar Väter, früh Alleinerzieherin und geht, da vom Kindesvater auch auf längere Sicht keine Alimentationsleistungen zu erwarten sind, die Sache konsequent an. Nachdem einer der wenigen unangekündigten Besuche ihres Ex-Mannes in einem Eklat endet, weil er Petra vor der nunmehr sechs Jahre alten Tochter bezichtigt, ihm diese untergeschoben zu haben, er-

klärt sie ihn für verzichtbar. Das wird von ihm auch anstandslos akzeptiert. Der Vater verschwindet, und Petra ist ab dann erstes und letztes Netz für ihre Tochter. Dass sie ihrem Kind keinen besseren Vater hatte „anbieten" können, lastet als schweres, brennendes Schuldgefühl auf ihrer Seele. Mit Hilfe ihrer Eltern versucht sie, ihrer Tochter alles zu ermöglichen und dabei gleichzeitig die Schulden aus der Ehe abzutragen. Doch beide Großeltern versterben knapp hintereinander relativ früh, sodass sich Petra unter enormen wirtschaftlichen Druck setzen muss, um für ihre Tochter die Reitstunden, die teuren Sommersprachkurse, die Tennisstunden mit einem persönlichen Lehrer und die Markenkleidung sowie den Besuch einer katholischen Privatschule weiter finanzieren zu können. „Es war wie ein MUSS", beschreibt sie das Gefühl. Sie wäre bereit gewesen, die ganze Woche von Kartoffeln zu leben, um ihrer Tochter nichts wegnehmen zu müssen. Außerdem war da ein starkes Trotzgefühl in ihr. Für „seine Schulden" sollte sie zahlen und dabei ihr Kind hintanstellen? Das hätte zu sehr an ihr genagt. Außerdem wollte sie ihrer Tochter wenigstens den bestmöglichen Start ins Leben ermöglichen, wenn sie ihr schon keine intakte Familie bieten konnte, erklärt Petra. Sie versucht sich in einer Rechtfertigung ihres rastlosen und sie selber konsumierenden Bestrebens, die notwendigen Mittel zu erwirtschaften. „Vielleicht", fügt sie in einer gedankenschweren Pause hinzu, „wäre es besser gewesen, mehr in gemeinsame Zeit zu investieren."

Die Förderung der Tochter und das Gelingen ihres Bildungserfolgs werden für Petra zum Prüfstein ihrer eigenen Lebensleistung. Ein Unterfangen, das für viele Jahre unhinterfragt bleibt. Und das Unternehmen seinerseits hat für Mitarbeiterinnen wie Petra, die sich für jedes Projekt begeistern können und gerne zusätzliche Überstunden als „Dauereinrichtung" übernehmen, zum damaligen Zeitpunkt seine Arme weit ausgebreitet. So scheint alles zu gelingen. Da Petra die wenige Zeit, die sie zu Hause ist, dann auch wirklich mit ihrer Tochter zubringen möchte, fällt es nie auf, dass ihr Beziehungsleben nicht mehr richtig in Gang kommt. Zwei halbherzige Versuche in dieser Richtung werden von ihrer enorm an ihr hängenden Tochter torpediert. Die von heftiger und hartnäckiger Werbung durch den betreffenden Mann begleitete Beziehungsanbahnung erlebt Petra im Maturajahr ihrer Tochter letztendlich selbst als zu bedrängend. „Ich hatte bereits zu lange ohne Mann gelebt. Da entwickelt man feste Gewohnheiten. Außerdem wollen Männer immer, dass man sich an sie anpasst, und dazu war ich einfach nicht mehr bereit", fasst sie es kurz zusammen, und ich meine, eine gewisse Bitterkeit in ihrer Stimme durchzuhören.

Die Tochter maturiert und entscheidet sich für die Immatrikulation an der Wirtschaftsuniversität. Das Leben ist auf Schiene. Petra kann zufrieden zurückblicken. Die Schulden der unsäglichen Ehe sind getilgt und ihre nette Eigentumswohnung mit Loggia ist zu einem nicht unerheblichen Teil ebenfalls bereits abbezahlt. Die Tochter scheint dem Entwicklungsplan zu folgen und hat sich zu einem äußerst attraktiven jungen Mädchen entwickelt, das mit Werbeshootings selber schon dazuverdient. Auch der Studienfortgang entspricht in idealer Form den Mindestzeitvorgaben. Das Badehaus aus Petras Kindheit, das sie von den Eltern übernommen hat, ist frisch renoviert. Die Bank ist Petra nun nach fast dreißig Jahren mehr zweite Heimat als Arbeitsplatz und obwohl ihr die akademische Ausbildung fehlt, ist es ein offenes Geheimnis, dass sie den Posten ihres Chefs mit dessen Pensionierung in eineinhalb Jahren einnehmen wird. Niemand kennt Interna, Abläufe und Kunden länger und besser als sie.

Doch dann wendet sich das Blatt. Ihre Tochter verwirft das Studium mit Ende des ersten Abschnitts und beschließt, ins Ausland zu gehen. Die Beziehung zur Mutter ist ihr zu eng, zu einschränkend, lässt aus ihrem Blickwinkel zu wenig Spielraum für ihre Entwicklung. Gemeinsam mit einer Freundin löst sie ein Flugticket nach Sidney. Petra fühlt sich völlig vor den Kopf gestoßen, doch da sie anfänglich bunte Karten von beeindruckenden Landschaften und Kängurus bekommt, hofft sie, die Tochter würde sich nach wenigen Monaten, vielleicht schon mit Semesterbeginn, anders besinnen.

Doch ganz im Gegenteil: Anastasia wird sich von Woche zu Woche sicherer, dass ihr neues Leben viel näher an der Wirklichkeit ihrer Träume wurzelt, als das rastlose Schaffen ihrer Mutter. Sie unterstellt Petra, dass diese ihr das eigene Leben als Modell aufzwingen wollte. Die Töne zwischen Mutter und Tochter werden rauer, schließlich kommen keine Karten mehr und Petra wird erstmals von einer schwarzen Woge erfasst. „Eines Abends, als ich einmal etwas früher heim kam, bin ich durch meine leere Wohnung gegangen. Damals hat mich die Erkenntnis erfasst, dass ich alles falsch gemacht habe. Ich habe immer funktioniert. Schon als kleines Kind wollte ich ‚brav' sein, einfach weil meine Eltern dann glücklich waren. Ich habe jede Vorgabe erreicht, habe die Schulden meines Ex-Manns redlich abbezahlt, mir eine Eigentumswohnung geschaffen, auch damit Anastasia einmal etwas von mir bekommt, und habe versucht, meinem Kind alles, einfach jede Förderung zu geben, damit sie selber im Leben einen guten Platz erlangen kann. Die vielen Lebensstunden, die da hineingeflossen sind, sind mir plötzlich wie ein riesiges Fehlinvestitionskonto vorgekommen. Und das Schlimmste an diesem Abend war, dass ich nicht wirklich gewusst habe, wen ich jetzt anrufen könnte. Ich habe die ganze Nacht wach gelegen und auf den Morgen gewartet, um wieder in die Bank gehen zu können, damit ich dort endlich wieder Menschen treffe, die mir vertraut sind. Ich habe einfach nicht gewusst, wie ich etwas ändern soll. Es ist mir alles so sinnlos vorgekommen. Da war nicht der leichteste Schimmer einer Idee, wie ich die Situation anpacken soll."

Also tut Petra, in der das Angstgefühl in Hitzewellen aufsteigt und die dagegen wegen wahrscheinlicher „Wechselbeschwerden" behandelt wird, das, was sie am allerbesten kann. Sie arbeitet. Sie arbeitet noch mehr, um sich zu beweisen, dass sie „etwas kann", „es richtig macht" und „um nicht denken zu müssen". Und sie stellt fest, dass ihr Shopping-Touren einen gewissen Kick geben. Vor allem die Jagd nach Schnäppchen von Designerware vermittelt ein kurzfristiges Hochgefühl. Doch die Konstruktion erweist sich als hohl. Die zahllosen Handtaschen, Schuhe und Markenklamotten füllen zwar ihre Regale und Kleiderschränke, aber ihre Seele bleibt leer. Hartnäckige Schlafstörungen beginnen ihre Nächte zu bestimmen, und damit einhergehend tauchen Ängste auf, den nächsten Tag aus Müdigkeit nicht mehr bewältigen zu können. Ein Teufelskreis setzt ein. Nach unruhigen, mehrmals unterbrochenen Nächten wacht sie regelmäßig bereits im Morgengrauen auf, um dann beim Läuten des Weckers das Gefühl zu verspüren, auf dem Bett festgefroren zu sein. In ihrer Arbeit wirkt sie zunehmend fahrig, kleinere Fehler unterlaufen ihr. Sie beginnt vor allem jüngere Mitarbeiterinnen sarkastisch und geringschätzig zu behandeln und in ihrer Arbeit oft ungerechtfertigt zu kritisieren. Doch ihr Team an Vertrauten hält zu ihr und vermag alle personellen Turbulenzen auszubügeln.

Etwa zur selben Zeit beginnen sie rasende Migräneattacken mit Flimmerausfällen in ihrem Gesichtsfeld und heftigen Übelkeitsanfällen heimzusuchen. Ein Untersuchungsmarathon beginnt, dessen Ergebnisse einen Teil der dicken Mappe auf ihren Knien ausmachen. Dann erleidet sie einen Hörsturz und muss erstmalig hospitalisiert werden. Im Rückblick beschreibt sie es als „furchtbare aber irgendwie erleichternde Erfahrung", auf diese Weise aus dem Spiel genommen zu sein.

Aber Petra kämpft. Nach ihrer Entlassung und mit der psychopharmakologischen Einstellung geht es ihr besser. Nur der Erfolg hält nicht lange vor. Die alten Symptome stellen sich wieder ein, vermehrt um ein permanentes Unruhe- und Sinnlosigkeitsgefühl, das sich im täglichen Leben als zunehmende Ängstlichkeit manifestiert. Der Weg zur Arbeit wird zum Marathonlauf. Längst hat sie es aufgegeben, mit dem eigenen Wagen zur Arbeit zu fahren, doch auch die Fahrt mit den öffentlichen Verkehrsmitteln wird immer mehr zu einem Wagnis.

Wir schreiben das Jahr 2009 und es braucht keinen Blick in die Glaskugel, um zu wissen, dass für Banken die Sterne nicht gut stehen. Als der Konzern beschließt, den Filialstandort, der gerade noch vor sechs Monaten mit großem Aufwand renoviert und umgebaut wurde, im Zuge von Restrukturierungen abzubauen, bricht Petra innerlich zusammen. Denn damit ist der schon sicher gewähnte Posten als Nachfolgerin ihres Chefs, ihr letzter innerer Lebensmotivationsanker, verloren. Der Versetzung in die Zentrale sieht sie mit großer Angst entgegen, obwohl ihr rational klar ist, dass sie zu den bevorzugten Mitarbeitern gehört, da sie ihren Job behalten kann. Gleichzeitig jedoch ist ihr ein Einfügen in die neue Umgebung nahezu unmöglich.

Das Einvernehmen mit ihrem neuen Vorgesetzten, der kein Hehl daraus macht, dass er lieber eine jüngere, flexiblere Mitarbeiterin an ihrer Stelle sähe, während sie danach trachtet, ihm ihre Erfahrungsüberlegenheit zu demonstrieren, ist denkbar schlecht. Es kommt zwar einiges an Unterstützung aus der Human Resources Abteilung, deren Leiterin immer wieder vermittelnd eingreift, doch Petra fühlt sich nur mehr kritisiert, allein gelassen, in der neuen Umgebung nicht ausreichend wert geschätzt.

„Ich habe eigentlich meine gesamte Energie dafür gebraucht, um überhaupt noch halbwegs aufstehen zu können, mich fertig zu machen und dann am äußersten Ende der zulässigen Zeit in der Bank zu sein. Dann war ich oft so erschöpft, dass ich mich nur kurz gezeigt habe, um mich danach im Waschraum zu verstecken. Wenn ich dann abends heim gekommen bin, war ich so fix und fertig, dass ich oft noch angezogen auf dem Sofa eingeschlafen bin. Und nach Mitternacht ging es dann wieder mit den Schlafstörungen los.

Ihre Produktivität sinkt enorm. Zwei alte Kolleginnen aus der früheren Filiale halten zu ihr und versuchen vieles, was sich unerledigt und bereits mehrfach nachgefragt auf Petras Schreibtisch stapelt, zu übernehmen. Von den wenigen Freundinnen und Sozialkontakten, die in ihrem Leben vorkommen, hat sie sich zu diesem Zeitpunkt bereits völlig zurückgezogen. „Alles war einfach wie eine schwarze Wand und dort war auch jedes Denken zu Ende und nur mehr Leere und Sinnlosigkeit zu spüren", beschreibt sie diese Phase. „Außerdem hatte ich ein permanent schlechtes Gewissen. Es war mir klar, dass meine Kolleginnen versuchten, mich mitzutragen und dabei selber unter Druck kamen. Doch ich hatte einfach keine Kraft, es zu ändern. Es war, als wäre ich in Treibsand gefangen, als würde jede Bewegung sinnlos sein und mich nur noch mehr hinunterziehen."

In diesem Herbst erkrankt Petra an einer heftigen Grippe, die nahtlos in einen psychischen Zusammenbruch übergeht. Petra wird auf einer psychiatrischen Abteilung stationär aufgenommen und das Burnout-Syndrom diagnostiziert. Nach sechs Wochen stationärem Aufenthalt wird sie in häusliche Pflege entlassen. Doch daheim ist niemand, der sie pflegen könnte. Der Überweisung zum niedergelassenen Psychotherapeuten leistet sie zwar Folge, doch die wöchentlichen Sitzungen, die darauf abzielen, sie besser gegen die Arbeitswelt abzugrenzen, bringen keinen wesentlichen Durchbruch. Petra fühlt sich kein bisschen belastbarer. Es kostet sie große Anstrengung, überhaupt zu den Sitzungen erscheinen zu können. An Tagen, an denen sie nicht raus muss, vernachlässigt sie ihre Hygiene. Sie isst nur Fertiggerichte und bleibt am liebsten den gesamten Tag über in ihrem Bett.

Der Therapeut ist besorgt. Diese Sinnkrise lässt sich ambulant nicht wirklich beheben. Ein Rehabilitationszentrum wird gefunden, und Petra tritt für sechs Wochen in ein straff geführtes Programm von Einzel- und Gruppentherapie, Mal- und Bewegungstherapie, Qui Gong, Kunsttherapie, Nordic Walken, Wirbelsäulengymnastik und Physiotherapie, das sie rückblickend für sich auf zwei Punkte reduziert: „Die Therapien waren mir allesamt viel zu anstrengend, und sonst hat einem jeder Therapeut, egal ob Physio- oder Psycho- erklärt, dass man sich nicht mehr von seinem Arbeitsplatz und seinem Umfeld ausbeuten lassen darf."

Auch wenn sich Petra mit ihrem Problem nicht wirklich abgeholt fühlt, tun ihr die Wochen gut und sie unternimmt einen neuerlichen Anlauf, in die Bank zurückzukehren. Doch nach den zwischenzeitlich sechs

Monaten ihrer Abwesenheit haben sich die Kraftlinien verschoben, jeder hat im neuen Gefüge seinen Platz gefunden, und Petra erlebt sich, obwohl sie sich bewusst ist, dass die Kollegen sie schonen wollen, als unnötig und wertlos. Der nächste Zusammenbruch, diesmal der endgültige, lässt nicht mehr lange auf sich warten. Nach neuerlichem Spitalsaufenthalt, Entlassung und Zuweisung zum niedergelassenen Psychiater und Psychotherapeuten lebt sie nun, mit Psyopharmakatherapie stabil eingestellt, seit ungefähr drei Jahren auf diesem niedrig regulierten Energieniveau, auf dem die dringendsten Selbstmanagementaufgaben gerade bewältigbar sind.

Zum Zeitpunkt ihrer Vorstellung bei mir haben Petra und ihr Unternehmen sich bereits voneinander getrennt. Petra ist mit allen Ehren, einer maximalen Bonifikation und dem Ratschlag, es sich doch endlich gut gehen zu lassen und viel „Wellness" zu machen, ausgeschieden. Auf Grund ihrer langen, dokumentierten Krankengeschichte hat auch die Pensionsversicherungsanstalt vorerst einmal eine vorübergehende Frühpensionierung für zwei Jahre ausgesprochen. Petra ihrerseits hat mit dem Thema Therapie abgeschlossen und die Tatsache, dass sie sich nur vorsichtig und langsam durch einen stark reduzierten Lebensalltag bewegen kann, als endgültig akzeptiert. „Ich bin wie jemand mit einem körperlichen Gebrechen", beschreibt sie sich selbst, „nur dass man es von außen kaum sehen kann, weil ich in keinem Rollstuhl sitze. Manchmal wünsche ich mir sogar, dass es so wäre. So schäme ich mich vor allen und versteck mich die meiste Zeit in meiner Wohnung, löse Sudokus oder schaue fern. Den größten Teil meiner Zeit benötige ich sowieso, um meine Tagesverrichtungen zu bewältigen. Heute habe ich all meine Energie gebraucht, um mich fertigzumachen und hierher zu kommen."

Mit ihrer Krankengeschichte und dem in zwei Jahren dann bei knapp unter 55 Jahren liegenden Lebensalter ist die Wahrscheinlichkeit, dass Petra je noch ernsthaft in einen Arbeitsprozess zurückkehren wird, äußerst gering. Dazu kommt, dass durch die Fixierung der jetzigen Le-

benssituation und dem Stopp von weiteren Therapieangeboten, ihre Befindlichkeit und Selbstkonzeption kaum Besserung erfahren werden. Petra selbst hat die Überzeugung aufgegeben, dass sich in ihrem Leben noch etwas ändern könnte. Auch der Privatversicherer wird ihr die Berufsunfähigkeitsrente wahrscheinlich bis zum regulären Pensionsantrittsalter ausbezahlen.

Petra hat also keinen Grund, sozial auffällig zu werden. Für ihr wirtschaftliches Überleben ist gesorgt, in ihrem Fall sogar überdurchschnittlich gut, und genau das reicht uns als Gesellschaft dann auch schon, um sich des Problems zu entledigen.

Petras Lebensgeschichte ist ein gutes Beispiel, um den Zusammenbruch eines Menschen, bei dem die Sinnentleerung überschwellig wird, zu demonstrieren. Würden wir ihre Situation als das akzeptieren, was sie ist – nämlich als Sinnverlust und Entfremdung von den anderen und am Ende auch von sich selbst – und würden wir die Ursachen in einer Fehlentwicklung gesellschaftlichen Werten, Normen und Zielsetzungen verorten, die sich dann in unseren individuellen Lebensgeschichten abbilden, dann müssten wir weitere Fragen stellen. Sehr unangenehme Fragen, die uns dazu zwingen könnten, tiefer zu graben, um das geltende Menschenbild und gesellschaftliche Selbstverständnis zu reflektieren. Aber das wollen wir, wie gesagt, mit allen Mitteln vermeiden.

Was wir mit unseren Burnout-Fällen tun, wenn sie nicht mehr zu verleugnen sind, folgt einer interessanten Mechanik. Im Regelfall versucht der Burnout-Kandidat so lange es geht, unerkannt zu bleiben. Auch wenn er schon längst nur mehr zwischen Aufputschmitteln und Beruhigungspillen hin und her pendelt, will er am Arbeitsplatz Normalität simulieren. Er versucht, die Spuren seines zunehmenden Kräfteverlusts in teilweise grotesker Form zu verwischen. Tief in seinem Inneren spürt ein jeder, dass es hier um eine existentielle Frage geht, die an die mögliche „Aufgabe des eigenen Status“ gebunden ist. Jeder Betroffene fühlt, dass er mit der Offenlegung seiner Situation im Begriff ist, nahezu unwiderruflich über eine imaginäre Linie in ein einsames, leeres Feld zu schreiten. Denn wer sein Burnout outet oder, korrekter ausgedrückt, von seinem Burnout geoutet wird, der ist auch wirklich „out“.

Wenn ein Kollege plötzlich an seinem Arbeitsplatz fehlt und uns ein Bekannter von seinem Zusammenbruch berichtet, dann werden wir hellhörig. Wir haben ihn doch immer für einen nicht umzuwerfenden Strahlemann gehalten. Hinter vorgehaltener Hand raunt uns der Bekannte zu, dass jener Kollege, der doch einen so bemerkenswerten Aufstieg hingelegt hat, die Stütze seiner ganzen Abteilung und daneben ein glücklicher Familienvater war, jetzt daheim sitzt und stundenlang flennt, ja ohne Begleitung gar nicht aus dem mit Krediten belasteten Haus geht. Das löst Betroffenheit bei uns aus, denn instinktiv ist uns allen klar, dass es sich hier nicht um eine Grippe oder um eine mit ein paar Packungen Medikamenten und guten Ratschlägen behebbare Situation handelt. Burnout wird gesellschaftlich als eine schwere, mit tödlichem Risiko einhergehende Erkrankung, darin zum Beispiel einer Krebserkrankung ähnlich, eingestuft.

Wir wissen: Für den, der dem Burnout zum Opfer fällt, wird nichts mehr so sein wie zuvor. Zusammen mit dem „Outing“ und der damit verbundenen Etikettierung, kommt es zu einem interessanten Phänomen, das mir zahlreiche Burnout-Patienten beschrieben haben: dem Abrücken. Im Gegensatz zu „handfest“ Erkrankten, die Genesungswünsche, Besuche oder zumindest Nachfragen erhalten, wird der Kollege oder der Bekannte mit

Burnout von seinem Umfeld gemieden. Eine an Burnout erkrankte, ehemalige Human Resources-Managerin brachte es auf den Punkt: „Ich bin behandelt worden, als trüge ich eine gefährliche Ansteckungskrankheit in mir. Als ich nach drei Monaten einmal während der normalen Dienstzeiten ins Büro kam (mein Therapeut hatte mir empfohlen, das auszuprobieren, um zu sehen wie es mir damit ginge), bin ich schlichtweg ignoriert worden."

Der Burnout-Patient ängstigt alle „Normalen", die weiter im Hamsterrad laufen, egal, ob es sich um eines mit stahlharten oder samtgepolsterten Speichen handelt. Im „Seelenkrebs" des Einzelnen droht die dumpfe, beängstigende Realität der Krebserkrankung des gesamten Systems vor unseren Augen aufzutauchen. „Wozu das Ganze? Was hat er/sie jetzt davon, sich so aufgerieben zu haben? Wie konnte es überhaupt so weit kommen?" Das scheinen die unzulässigen Fragen zu sein, die sich in unserem Inneren formieren. An dieser Stelle kommen wir mit der „tieferen Sinnlosigkeit" der Systemregeln unserer Steigerungsgesellschaft in Berührung. Das schafft Unbehagen. Und zwar ganz handfestes, spürbares. Die Überbringer schlechter Nachrichten sind nie erwünscht, schon im alten Griechenland war das so. Wir schauen lieber ganz schnell weg. Weil wir uns heute rühmen wollen, „humaner" als im alten Griechenland zu sein, stoßen wir die Unerwünschten nur mehr sozial und nicht mehr physisch von den Klippen. Der Burnout-Patient wird in die Hinterhöfe unserer Gesellschaft verbannt, in Sanatorien oder abseits im Wald gelegene Rehabilitationszentren verschickt und nach Möglichkeit vergessen.

Blumen und Konfekt als Ausdruck des Bedauerns soll er sich von seinen nächsten, oft selbst ratlosen Angehörigen holen. Und er soll sich gefälligst als loyal erweisen, indem er entweder die Schuld bei sich und seiner psychischen Konfiguration oder bei seinem ausbeutenden Arbeitsplatz und den ehemals mobbenden Kollegen findet – oder indem er die effizienzmaximierte Arbeitswelt als solche für seine Misere verantwortlich macht.

Solange er nicht im Grundgebälk unserer Überzeugungen Unruhe zu schaffen trachtet und herumzumaulen beginnt, dass Konsumismus und Wachstumsdruck anlässlich seiner Burnout-Erfahrungen zu hinterfragen wären, ist uns alles egal. Hauptsache, er strampelt sich, von seinem psychischen Rollstuhl aus, in der für Burnout-Patienten vorgesehenen »Nebenfahrbahn« des Lebens ab, die von Therapie, Rehabilitation, Eingeständnis des reduzierten Lebensenergieniveaus und gläubiger Systemtreue geprägt ist. Burnout-Patienten die systemkonform bleiben, erhalten ehrenhafte Rehabilitation oder Berentung.

Die Rehabilitation zielt darauf ab, Fitness auf geläutertem Niveau zu erzielen, um im üblichen Systemspiel in Zukunft wenigstens in der Unterliga der Leistungsfähigen mitwirken zu können. Ihr Tenor lautet: „Du bist zu gut. Lerne dich abzugrenzen. Nur du bist wichtig. Hinter dir die Sintflut. Lerne zu delegieren, mach Dienst nach Vorschrift." Damit aber wird fatalerweise eine Bestärkung des negativ gewordenen Weltbilds des Burnout-Patienten erreicht, sein Sinnverlust wird bestätigt. Setze auf Kontrolle, Abgrenzung, Misstrauen und Narzissmus, dann wird dir das nicht mehr passieren – so lautet die irreführende Grundbotschaft, die den Patienten endgültig davon überzeugt, in einer rücksichts- und wertelosen Gesellschaft zu leben.

Erweist sich Rehabilitation nicht mehr in Reichweite, ist das alte Glaubenssystem also nicht mehr aktivierbar und hat sich der betreffende Mensch mit allen psychischen wie physischen Folgen bereits selbst zu weit im Sinnverlust verloren, so bleibt nur die Berentung und Invalidisierung. Der Burnout-Patient wird endgültig zum gesellschaftlichen Abschreibposten deklariert und von der Lebensbühne der Aktiven entfernt. Eine vorsichtige Einpendelung auf niedrigem Lebensniveau ist sein zukünftiges Schicksal. „Du darfst dir nicht zu viel zumuten. Jede Forderung kann dich umwerfen. Lebe leise am Rand der Gesellschaft und fall ja nicht auf. Sei dankbar, dass wir alle so viel schaffen und raffen und am Wachstum arbeiten, damit wir uns das für dich leisten können."

Wirklich „Ausgebrannte" leben in einem Setzkasten mit genau abgezirkelten Abläufen. Nur eine Sache am Tag, entweder der anstehende Arztbesuch ODER der Haushaltseinkauf, genügend Pausen einplanen und überhaupt hauptsächlich ausrasten, Wellnesstage strikt einhalten, gern auch mit Kalenderplanung, und diese ja nie absagen, möglichst nichts tun und mit der „Seele baumeln".

In Wirklichkeit kastrieren wir sie damit, vernichten ihren Selbstwert, zementieren ihren Opferstatus, machen sie bedürftig und schieben ihnen ein Servicepaket rüber, mit dem wir sie wieder zu Konsumenten machen. Damit werden Menschen wie Petra, die sich für sich selbst schämen und sich verstecken möchten, mit dem Auftrag, ihre Mittel für Entspannungstreatments auszugeben, abgeschoben und nicht geheilt. Mit dieser Methode wird Sinnfindung verhindert und eine spezifische Konsumentengruppe der „Gestrauchelten" für die Therapiemaschinerie erzeugt. Mehr wird nicht geboten.

Niemand scheint ernsthaft daran interessiert zu sein, wirkliche Selbstwahrnehmung und Selbstverantwortung zu lehren. Das würde nämlich bedeuten, sich mit sich selbst und seiner speziellen „Seinsweise" jenseits aller Opportunitätskriterien auseinander zu setzen sowie das zu Tage geförderte Ergebnis zu akzeptieren und aktiv umzusetzen.

Trotzdem wird überall mit den Begriffen von Selbstwahrnehmung und Selbstverantwortung im Zusammenhang mit Burnout geworben, wenngleich dies in der Bedeutungsauslegung, die entsprechend einem gängigen reduktionistischen Modell aufgesetzt ist, in infantiler Weise konzipiert wirkt. Selbstwahrnehmung bedeutet in diesem Modell nur mehr „eine unmittelbare, situative Bedürfniserkennung und das Streben nach unaufgeschobener Befriedigung". Ein vom Therapieestablishment ausgestellter Passierschein in die Narzissmuskultur. „Alles, was zwischen Ihnen und Ihrem Bedürfnis liegt, ist ein Feind, den es zu vernichten gilt." Der Satz stammt nicht von mir, sondern ist ein Zitat aus einem „Self-Awareness"-Training, an dem ich zufällig teilnahm. Vorher war ich neugierig, nachher hingegen äußerst nachdenklich.

Ich sollte am folgenden Tag für die Kunden eines großen Unternehmens einen Vortrag in einem Luxushotel halten. Die Reiseroute war nicht unbedingt günstig und so kam ich bereits am Vortag in dem stark auf Gesundheit orientierten Haus an. Neben den üblichen Angeboten zu Spa, Fitness und Tai Chi, Nordic Walken, Sinnesgarten, Meditation und Rückenfit fiel mir die Ankündigung eines „Self-Awareness"-Trainings auf. Das konnte alles bedeuten, aber es versprach zumindest Neuigkeitswert und da, wenngleich nichtssagend und erratisch, daneben in Klammer noch „Anti-Burnout" gesetzt war, erwachte meine Neugier.

Ich fand mich also zum angegebenen Zeitpunkt mit drei weiteren Damen und zwei Herren im mittleren Alter im lichtdurchfluteten Trainingsraum ein. Eine dezent angestrahlte Buddha-Statue beim Eingang und ein ebenso gedimmt beleuchteter riesiger Gong an der Seitenwand sollten für eine entsprechende Grundstimmung sorgen. Die Trainerin, eine schlanke Frau mit gut geschnittenen Gesichtszügen und energischen, präzisen Bewegungen gab uns jedem ein weinrotes Medi-

tationskissen und wies uns an, „unseren Platz" im Raum zu finden. Ich setzte mich neben sie, was sie ein wenig zu irritieren schien, sie aber nicht kommentierte. Sie stellte sich als „Anti-Burnout-Coach" vor. Neben der Tätigkeit hier im Hotel betreibe sie eine Praxis, die sich auf Burnout-Patienten spezialisiert habe und diese mit einem speziellen „Self-Awareness"-Ansatz wieder auf die „richtige Bahn" bringe.

Ich bin natürlich sehr gespannt. Wir beginnen mit einer Meditation der Stille, bei der mich die asiatische Hintergrundmusik irritiert, die überall im öffentlichen Bereich des Hotels für eine quasi intravenös verabreichte relaxte Atmosphäre sorgen soll. Macht nichts, es ist wahrscheinlich sowieso besser, dass diese Musik läuft, denn die wenigsten von uns können sich noch der Fülle der Stille hingeben, sondern verfallen angesichts der stattdessen erlebten Leere nur in Unruhe. Es wäre also wahrscheinlich kontraproduktiv, auf die Berieselung hinzuweisen. Wir haben die Anweisung, einfach in uns hineinzuhören, „alles, was so kommt" bewertungsfrei wahrzunehmen und zuzulassen. „Alles ist gut" spricht uns die Leiterin mit der beruhigenden, bauchtönigen Stimme des geübten Meditationstrainers vor, „jedes Gefühl, jede Stimmung, jedes Bedürfnis, alles, was aufsteigen mag, alles ist o.k." Danach geht's ans „sharing". Wie immer findet sich ein Eifriger, der durch die eben absolvierte Übung nahezu von der Erleuchtung heimgesucht wurde. Er bekommt seine Streicheleinheiten und die Trainerin setzt zum Theorieblock in Sachen Burnout an. „Burnout kommt durch chronische Überarbeitung zustande." Der damit dogmatisch geäußerten These, die trotz permanenter Wiederholung nicht wahrer wird, folgt heftiges, überzeugtes Nicken aus der Runde. Mir beginnt das Gesicht einzuschlafen. „Der burnoutgefährdete Mensch trägt gewisse Grundcharakteristiken in sich, die ihn besonders anfällig gegenüber Ausbeutung durch den Arbeitsplatz machen", führt sie weiter aus und geht gleich ins Detail: „Er ist prosozial, sehr leistungsorientiert, sucht stets den Fehler bei sich und Anerkennung von außen, strebt nach Harmonie und kann sich nicht abgrenzen." Dies wiederum gehe, wie könnte es anders sein, auf das frühe familiäre Umfeld zurück, was aber jetzt nicht weiter behandelt würde, erläutert unsere Trainerin. „Oftmals ist der Burnout-Patient aus dieser Grundkonstellation heraus derartig beeinträchtigt, dass ihm die Wahrnehmung seiner selbst und seiner Bedürfnisse nahezu unmöglich ist."

Ich lese Zustimmung und Bestürzung auf den Gesichtern meiner Gruppenkollegen und denke mir, dass uns jetzt, wie immer, eine feine Montage von tatsächlichen Sachverhalten, Charakteristiken und Fehlinterpretationen scheinbar schlüssig präsentiert wird. Das Ergebnis lässt nicht lange auf sich warten, denn jetzt kehren wir zu unserer Eingangsmeditation zurück. Wir sollen nochmals nachspüren, ob wir überhaupt fähig waren, unsere aufsteigenden Bedürfnisse von anderen Wahrnehmungen zu unterscheiden. Sie gibt uns schweigende dreißig Sekunden. Während dieser Periode ist Augenschließen angesagt. Anschließend soll ein Freiwilliger alles, was er als spontanes Bedürfnis wahrgenommen hat, laut wiederholen. Der Mann, der sich zuvor schon hervorgetan hat und jetzt augenscheinlich den „Jüngerstatus" einnehmen will, beginnt mit seiner Aufblähung. Die Regel, die die Trainerin dabei ausgibt, ist recht einfach: „Du nimmst ein Bedürfnis wahr, dann hol dir, was du brauchst." Je besser dir das gelingt, umso besser bist du geschützt, und es hallt als logische Heilsversprechung nach: umso glücklicher wirst du sein. Klingt total überzeugend. Wenn du dich am Sack kratzen möchtest und gleichzeitig in Gesellschaft bist, dann vergiss die Etikette und tu es. Wenn du an deinem Arbeitsplatz Kapazitäten frei hast, aber nicht mehr tun willst, dann sag einfach „Nein!".

Für alle Anwesenden außer mir scheint das logisch, wenngleich noch übungsbedürftig. „Muss man nicht damit rechnen, dass man damit andere stören könnte oder gar verärgern", fragt eine der Frauen nach. Natürlich, räumt die Trainerin mit Begeisterung ein, könnte dies passieren, doch es gehe schließlich um viel, denn nur wer sich eindeutig, klar und unbeugsam in seinem Leben und an seinem Arbeitsplatz positioniere

– und das heißt beinhart abgrenzt – wäre gegen Burnout geschützt. Dann schiebt sie zur Demonstration der Wichtigkeit dieser Vorgehensweise, quasi zur Abschreckung in Sachen „Kultur und Menschlichkeit", noch ein paar Horrorzahlen ein. Nur wer deutlich mache, dass der eigene Schreibtisch keine Ablagefläche für andere ist, und dass die anderen ihre „Workload" eben besser planen müssten, der ernte Respekt. Überhaupt wäre Respekt das eigentliche Ziel und nicht, „geliebt zu werden", fügt sie mit gewissem Sarkasmus noch hinzu, um es auch wirklich für den letzten Zweifler, als den sie eindeutig mich identifiziert hat, klar zu machen.

Jetzt erntet sie Zustimmung von allen. Das klingt, so verpackt, astrein, richtig schlüssig. Der Arbeitsplatz kann schließlich nicht die Kuschelecke unseres angeknacksten Seelenlebens sein. Und dass man mich respektvoll behandelt, das wünsche ich mir natürlich auch. Aber so, wie sie das Wort „Respekt" ausgesprochen hat, klang es mehr nach Sicherheitsabstand. Und das mit dem „geliebt werden" ist auch so eine vertrackte Sache. In ihrer Darstellung würde ich, mit einer derartigen Zielsetzung, zur lächerlichen Figur. Wertschätzung wünsche ich mir allerdings sehr wohl, ja sehe sie als unbedingte Voraussetzung, um überhaupt zusammenarbeiten zu können. Wertschätzung ist jedoch, auch wenn wir diesen Begriff zunehmend zu neutralisieren versuchen, ein emotional sehr warmes, verbindendes Gefühl. Zwar nicht „Liebe" im herkömmlichen Sinn, aber doch in ihrer Nähe siedelnd und mit den Schwestern Anteilnahme und Einfühlung einherschreitend. Das wäre dann auch das Arbeitsklima, in dem ich mich bewegen möchte. Ich will nämlich die vielen Stunden meiner besten Tageslebenszeit in einer Atmosphäre des Wohlfühlens, der Vertrautheit und Entspannung zubringen. Dann nämlich geht es mir besser und Burnout wird kein Thema.

An dieser Stelle riss mich die „Anti-Burnout-Trainerin" aus meinen skeptischen Gedanken, indem sie eingangs schon zitierten Satz sagte: „Alles, was zwischen Ihnen und Ihrem Bedürfnis liegt, ist ein Feind, den es zu vernichten gilt."

Das Geschäft mit der Angst

„Die Witwe eines Renault-Technikers, der sich aus dem Fenster des Technocenters gestürzt hatte, klagte den Autohersteller. Um Geld ging es ihr dabei nicht, denn die Klagsumme hatte sie mit einem symbolischen Euro angesetzt. Was sie wirklich wollte: das Eingeständnis, dass Renault zu viel Druck auf seine Arbeitnehmer ausübt. Zwischen 2006 und 2007 hatte nämlich eine ganze Reihe von Mitarbeitern Selbstmord begangen. Das Gericht in Nanterre gab ihr schließlich Recht. Parallel dazu kam es zur Eskalation bei der France Télécom: Innerhalb von 24 Monaten nahmen sich 33 Konzernangestellte das Leben. In zahlreichen Abschiedsbriefen wurden berufliche Überforderung, Erschöpfung und Gefühle der Ausweglosigkeit als Begründung angeführt."

So und ähnlich lesen sich Artikel zum Thema Burnout in der heimischen Hochglanzpresse. Das erregt Aufsehen, das alarmiert. Der Arbeitsplatz als Falltür in den Tod. Da bekommen wir alle Angst. Es muss schon ein sehr heimtückisches Syndrom sein, das sich in scheinbar respektablen Unternehmen einzunisten vermag und dann zu einer derart spektakulären Häufung der Selbsttötungen führt.

Entsprechend der inneren Mechanik des Boulevards gibt es natürlich einen Vorverurteilten, für dessen Überführung mit großem Pathos dann passendes Material schlüssig präsentiert wird. Bisweilen bedient man sich dabei sogar einer nahezu dialektisch anmutenden Analyseform, um den Anschein profunder Recherche und bemühter Wahrheitsfindung schaffen zu können.

Faktum ist, dass als Resultat der konzertierten medialen Weltbilderzeugung grundsätzlich Alarmstufe Rot beim Thema Burnout herrscht. Und zwar schon im Vorfeld, im Schwemmland des Burnout-Syndroms, also in unseren Unternehmen, und bei nahezu jedem unter dem Joch der Werktätigkeit ächzenden, arbeitenden Menschen.

Wenn man sich zwar nicht unbedingt zum faktischen Hintergrund aber dafür zur Kommerzialisierung eines Phänomens ins Bild setzen will, findet man Orientierung im Boulevard, in Hochglanzmagazinen und neuerdings auch im Internet, in entsprechenden meinungsbildenden Foren. Dort wird nämlich das erzeugt, was John Casti „Social Mood" nennt. „Social Mood" ist nichts anderes als das Destillat eines gesamtgesellschaftlichen Einschätzungsprozesses, die kollektiven Überzeugungen, die eine Gesellschaft trägt und der sie – und das ist der springende Punkt dabei – Wahrheitsstatus verleiht. „Social Mood", also das, was wir alle glauben und zu wissen meinen, obwohl wir meist nicht begründen können woher wir es bezogen haben, kann auf mehreren Wegen zustande kommen. Zuerst wären da sogenannte „X-treme Events", also punktuelle, unerwartete, zumeist mit Katastrophen im Zusammenhang stehende Ereignisse. Da ändern sich kollektive Einschätzungen dann im Raketentempo.

Der Stellenwert von Sicherheit und entsprechenden Sicherheitskontrollen oder vorbeugenden Maßnahmen hat sich zum Beispiel nach „9/11" kollektiv dramatisch geändert. Die Sicherheitsindustrie boomt seither, und ein guter Freund und New York Insider hat mir zugeraunt, dass die Stadtverwaltung von New York es kurz nach dem Anschlag vollen Ernstes für angemessen hielt, alle Müllabfuhrfahrzeuge mit Panzerglasscheiben auszustatten.

Auf extreme Ereignisse ist allerdings kein Verlass, sie sind unberechenbar und auch nicht zu bestellen. Der alternative und übliche Weg der Formung unserer inneren Glaubensüberzeugungen erfolgt ganz einfach darüber, dass wir etwas immer wieder hören und so, getreu der Funktionsweise des in uns schlummernden Rudelwesens, zu der Haltung gelangen: „Wenn alle das sagen oder tun, dann muss es richtig sein und dann will ich unbedingt dazugehören und". Wird uns eine Meinung, noch dazu von einer vertrauenswürdigen Person, übermittelt oder vertritt ein erfolgreicher oder berühmter Mensch diese Idee, dann funktioniert der Prozess noch schneller und besser.

Deswegen stehen sogenannte Experten hoch im Kurs und Celebrities als „Brandmaster" werden teuer bezahlt. Darin liegt es begründet, dass wir den Rocksaum mit rückhaltloser Selbstaufopferung auch durchwegs eine Handbreite über der Zuträglichkeitsgrenze unserer körperlichen Proportionen hinaufrutschen lassen, eine spezielle Automarke für dynamische Freiheit stehen kann oder aber ein grundsätzliches Angstgefühl, überfordert zu werden, leicht in uns abrufbar wird. Da hilft uns der geübte, sonst so kritische Blick in jeden Spiegel gar nichts. Die Einwände unseres normalerweise recht zuverlässig arbeitenden rationalen Verstands zu den technischen Daten des beschmachteten Vehikels werden beiseitegeschoben und die Tatsache, dass die meisten von uns heute durchaus fähig sind, einen wissenschaftlichen Text zu verstehen, bedeutet plötzlich nichts mehr.

Wenn alle daran glauben, dann ist es Wahrheit. „Social Mood", auch wenn sie nicht unbedingt etwas mit „faktischer Wahrheit" zu tun hat, setzt ganz tief in sehr archaischen Schichten der Selbstorientierung am Rudel an und schafft auf diese Weise „gefühlte Wahrheit." Die immer wieder Fassungslosigkeit auslösenden Vorfälle von Gruppenselbstmorden im Rahmen von in sich geschlossenen Gruppierungen und Sekten illustrieren die Macht von „Social Mood" sehr eindrucksvoll.

Im Fall von Burnout ist zu konstatieren: Das Geschäft mit der Angst blüht. Falldarstellungen von ehemaligen Spitzenmanagern, die nicht einmal mehr das Ausführen ihres Hundes alleine bewältigen oder von Suiziden im Burnout heizen ein. Sogar der ehemalige Chef der Deutschen Bank, Josef Ackermann, hat es vorgezogen, beim Schweizer Versicherer Zurich den Hut zu nehmen, nachdem ein Raunen aufkam, dass der Selbstmord des durch familiäre Turbulenzen psychisch zusätzlich beanspruchten Finanzchefs Pierre Wauthier mit einem zu hohen, von Ackermann verursachten Arbeitsdruck in Zusammenhang stehen könnte.

Ein mächtiges Syndrom, das sogar große Köpfe zum Rollen bringt, denn bald darauf erwies es sich für Ackermann, der nun als „Bösmann" angeschrieben war, als notwendig, auch seinen Aufsichtsratssessel beim Technologieriesen Siemens zu räumen.

Wir haben es also alle begriffen: Burnout lauert überall und ist brandgefährlich, so gefährlich, dass es sogar im innenpolitischen Ränkespiel von Konzernen eingesetzt werden kann, um Titanen niederzustrecken. Jeder, der sich zur Kohorte der Denkenden zählt, ist somit darauf vorbereitet, die Notwendigkeit von Maßnahmen einzusehen. In jener der Konsumideologie eigenen, simplen Verführungslogik nach dem Motto: „Erzeuge ein Bedürfnis und biete vordergründig seine Befriedigung an", bot sich die Geburt der Wellnessindustrie als naheliegende Lösung an. Mit der Gebetsmühle der Arbeitsausbeutung und nachdem sich sogar Vertreter der Kaste „reich und berühmt" als vom Burnout befallen geoutet und damit für breite Wahrnehmung und Identifikation des Themas gesorgt haben, ist es an der Zeit, das große Geld zu machen. Dass es sich hierbei gar nicht um die Lösung des Problems handelt, ist für die Konsumgesellschaft ein unwichtiges Detail. Wir schaffen es sogar, aus dem eigenen Untergang noch Profit zu schlagen. Steigerungsraten für Shareholder, bis die letzte Mastspitze versinkt.

Derart „ideologisch auf den rechten Weg gebracht“, will heute ein jeder im Wellnesstempel anmustern, ja wer es nicht tut, bekommt bereits den erhobenen Zeigefinger besorgter Freunde und Bekannter und wird dann später selbst schuld sein. Das Burnout-Gespenst, so real es ist, lässt als falschen Heiligen die Relax-Industrie boomen. Denn das Geschäft mit Wellness, Kurztourismus, Psychogruppen und gesundem Blabla in welcher Form auch immer ist lukrativ. In einer von der Arbeiterkammer durchgeführten Untersuchung zu den in den nächsten Jahren gefragtesten Urlaubsmotiven fand sich „Gegensteuern gegen Burnout“ mit 80 Prozent in einer einsamen Spitzenposition, weit vor „Reisen mit Freunden oder Familie“.

Die Drohung mit Burnout wirkt also. Aber hier soll eine wirkliche Bedrohung mit einem falschen Mittelchen kuriert werden. Kurpfuscherei nennt man das, gelinde gesprochen. Fahrlässig, wenn man etwas klarere Worte finden möchte – oder auch empörend kriminell, wenn man die kurzweiligen Angebote in das Bild jener selbstberufenen Heiler übersetzt, die mit ihren wertlosen Wässerchen in pompös etikettierten Fläschchen schon immer Verzweifelten Genesung versprachen. Der Ansatz der Konsumgesellschaft im Umgang mit Burnout ist mit dem des Jahrmarktfahrers mit seinen nutzlosen Elixieren vergleichbar.

Doch wir sind gläubig auf Schiene: Wir konsumieren und kommerzialisieren Entspannung und Balance und entmündigen dabei die Menschen, um sie suggestibler zu machen. Was es bedeutet, nach dem geläufigen Mantra „gut auf sich zu schauen“, wird uns heute vorfabriziert. Die erste Rahmenbedingung ist, dass wir viel Freizeit brauchen, möglichst immer mehr, die zweite dann, dass wir uns möglichst nicht zu häufig, vielleicht sogar nirgends mit Emotionalität engagieren sollen – denn das birgt unkontrollierbare Risiken. Als Tipp formuliert: Am besten gar nicht zu tief fühlen, sondern lieber in unserer erkämpften Freizeit alles konsumieren, was wir mögen und was die Wellness- und Selfness-Industrie zu bieten hat, weil uns das glücklich macht und auf diese Weise gesund erhält. Ist doch vollkommen selbsterklärend, dieses Modell. Und was wir mögen, wird uns, damit wir auch ja kein Risiko eingehen, sowieso von Trendscouts souffliert.

Also liege ich in regelmäßigen Abständen für ein Wochenende irgendwo im abgestandenen warmen Wasser einer Therme herum, lasse meinen Gaumen von sicher gesundem, mikromolekularem bunten Futter mit sagenhafter Überteuerung kitzeln, haste von Massage zu Peeling mit Olivenöl-Salz-Lavendelmischung oder gebe mich der Doppelpack-Whirlpool-Sauerstoff-Besprudelung gemeinsam mit meinem Partner im kuscheligen „Privat-Spa-Bereich" hin.

Der Sinnentleerung meiner Existenz bin ich damit aber noch immer nicht in konstruktiver Weise auf der Spur, obwohl ich bereits eine Stange Geld ausgegeben habe. Und wenn ich damit noch immer nicht schnell genug im Relax-Hamsterrad unterwegs bin und dieses nagende Gefühl von Leere aufzusteigen droht, dann belege ich noch schnell einen Tai Chi Kurs, damit niemand behaupten kann, ich wäre an meiner Misere selbst schuld.

Ein eingeschobener Termin. Es habe sehr wichtig geklungen, meint meine Assistentin, und außerdem wäre der betreffende Klient aus Hamburg und nur an diesen zwei Tagen in Wien. Also vielleicht wirklich ein sogenannter dringender Fall. Der junge Mann in der adretten Adjustierung eines erfolgreichen Geschäftsmanns, der mich am folgenden Tag absolut pünktlich in meiner Praxis aufsucht, wirkt jedoch mehr wie ein dynami-

scher, erwartungsgeladener Jagdhund. Ein Bekannter von ihm hätte mich bei einem Vortrag in Hamburg gehört und er wäre wegen Burnout hier, lenkt er unser Gespräch in die von ihm anvisierte Richtung. Er sei davon nicht betroffen, zumindest noch nicht, er hoffe dies zumindest, falls man auf die verschiedenen Tests vertrauen könne, die er auch regelmäßig wiederhole. Erst während seiner letzten Worte wird die Beunruhigung, die in dem Mann zu stecken scheint, sichtbar. Jetzt bin ich gespannt. Was erwartet mich in seiner Geschichte, die nun folgen wird. „Soll ich erzählen?", holt er sich höflichkeitshalber meine Ermunterung und schießt dann los.

Siebenunddreißig ist Dirk, Zweitgeborener aus einer Dreierriege von Brüdern, als Sohn eines evangelischen Pastors noch in der ehemaligen DDR geboren, später dann nach Hamburg übersiedelt und im Zivilberuf Versicherungsmakler, spezialisiert auf die beratungsintensive Lebenssparte, also Berufsunfähigkeit, Vorsorgeplanung, Pflegeversicherungen, Krankenzusatzversicherung und ähnliches. Er führt ein eigenes Unternehmen mit inzwischen fünf Mitarbeitern und ist dabei sehr erfolgreich. Seine Kunden vertrauen ihm, da er auf ihre individuelle Situation eingeht. Seine Ansprechpartner auf Seiten der Versicherungsgesellschaften sind von ihm begeistert, weil er Abschlüsse bringt und in einer etwaigen Schadensabwicklung unterstützend und vermittelnd zwischen Kunden und Versicherer aufzutreten vermag. „Aber Knochenarbeit", macht er mir klar. Ich nicke. Sonst ist Dirk noch verheiratet, Vater von drei Kindern. „Neun Monate, gerade zweieinhalb und fast dreieinhalb Jahre sind meine Mädels", erzählt er mit viel Weichheit in der Stimme, „lauter Mädels", wiederholt er, „aber die haben es mindestens so drauf wie wir Jungs seinerzeit bei meinen Eltern, volles Haus und Action den ganzen Tag über", ergänzt er und hält inne.

Der Bogen seines Kosmos scheint damit fürs Erste abgeschritten und er lehnt sich in meinem Sprechzimmer, augenscheinlich von positiven Gefühlen begleitet, bequem in den Polstersessel zurück. Jetzt bin ich al-

lerdings irritiert. Was will er von mir? „Sie haben sich da ja ein wirklich volles, rundes Leben aufgebaut, Dirk", versuche ich einen Vorstoß. Er braucht einen Moment, wie um die Orientierung auf seiner inneren Landkarte zu finden und fixiert mich dann mit großem Ernst. „Ja, aber ich habe Angst, dass ich ein Burnout bekommen werde. Es ist alles zusammen extrem viel. Der ganze Aufbau des Betriebs in den letzten Jahren, seit ich mich selbständig gemacht habe: Wir sind immer nur gewachsen, immer mehr Kunden, dann die ganzen Fortbildungen, man muss ja ständig in der Branche auf dem neuesten Produktstand bleiben. Die Kinder, die beanspruchen uns beide, meine Frau und mich natürlich sehr, und wir haben keine Großeltern in der Nähe." Er hält inne, wie um die Wirkung des Gesagten auf mich im Hinblick auf seine Burnout-Gefährdung abschätzen zu können.

Als ich ungerührt bleibe, setzt er nach: „ Wir haben eigentlich seit Jahren, seit die Kinder auf der Welt sind, keinen größeren Urlaub gemacht. Meine Frau ist rundum mit den Kindern beschäftigt. Ich arbeite sicher sechzig Stunden im Unternehmen. Wenn ich dann heim komme, helfe ich mit den Kindern und so weiter. Alle unsere Freunde und auch die Bekannten, die uns gerade mal ein wenig besser kennen, sind der Ansicht, dass das Wahnsinn und nur mehr eine Frage der Zeit ist, bis es krachen wird. Und dann...", jetzt hat er etwas Konspiratives in der Stimme und will bei mir fachlich andocken, „in meiner Branche sehe ich es andauernd, wie die Leute reihenweise umfallen und berufsunfähig werden, hautnah. Vor ein paar Wochen reden Sie noch mit dem Betreffenden, alles scheint im grünen Bereich, ein wenig Stress eben, so wie bei jedem, und dann ‚Peng!'" Er schlägt sich mit der Faust der einen Hand in die offene Handfläche der anderen. Ich bin noch immer ungerührt aber neugierig. „Was raten Ihre Freunde und Bekannten?", bohre ich nach. „Dringend abspannen, das sagen alle, sich die Arbeit nicht so zu Herzen nehmen, wie ich es tue, das Engagement für die Kunden etwas zurücknehmen, nicht unbedingt immer den besten Vertrag finden wollen. Viele meinen auch, wir müssten endlich etwas auf den Putz hauen, nach dem jahrelangen Ackern, es uns gut gehen lassen, eine Weltreise mit meiner Frau machen, denn sonst ginge mir bald mal die Motivation aus. Aber mit drei Kindern ist das schon eine ziemliche Stange Geld, die man aus der Familie rausziehen würde", setzt er fast entschuldigend hinzu, dass er dieser Idee gegenüber noch Bedenken hegt. „Oder ich sollte mir zumindest einen klasse Wagen leisten, mit ein paar Gimmicks. Außerdem meinen alle, dass unsere Wohnung mit nur zwei Kinderzimmern krass zu klein wäre und das auch noch zusätzlichen Stress verursachen würde, der uns auf die Dauer als Paar aushöhlen wird." „Also ein Haus bauen?", frage ich nach und er strahlt zu meinem Vorschlag. „Eben mehr auf die Work-Life-Balance achten, sagen alle", setzt er fort, um dann zum Katalog seiner bisherigen Bemühungen, sich gegen Burnout zu schützen, vorzudringen.

„Seit einem halben Jahr gehe ich jede Woche zum Yoga, obwohl es ziemlich anstrengend ist. Ich besuche so ziemlich jedes Monat ein Seminar zu irgendeinem Thema rund um Selbstmanagement oder Timemanagement, und irgendwie schaffe ich es auch, jede Woche noch einen Termin bei der Massage, das ist so eine fernöstliche Geschichte, die den Energiefluss umlenken soll, unterzubringen. Dafür habe ich eben den Chor aufgeben müssen. Ab nächstem Jahr wollen wir dann noch zumindest einmal im Quartal so ein Wellnesswochenende einschieben", beendet er seinen Plan. „Sie wollen von mir wissen, was ich von dem Ganzen halte?", frage ich in sein erwartungsvolles Gesicht hinein. „Ja, meinen Sie als Expertin, dass wir damit durchkommen werden? Wissen Sie, ich liebe meine Frau irrsinnig, sie ist der tollste Mensch, der mir in meinem Leben begegnet ist. Meine Kinder liebe ich ebenso und ich liebe auch meinen Beruf sehr, ich habe Betriebswirtschaft studiert und bin dann Versicherungsmakler geworden, weil ich an den Versicherungsgedanken glaube. Ich will Menschen beraten, um sie vor Unheil zu schützen, oder besser gesagt um Schicksalsschläge, wenn sie eintreten, besser erträglich *zu machen. Geld hilft da. Ich bin kein Pastor, wie mein Vater, aber auf einer anderen, einer viel weltlicheren Ebene, sehe ich da auch einen sozialen Auftrag in meinem Tun. Darum muss ich auch immer die wirklich richtige Versicherung für meine Kunden finden. Verstehen Sie, ich will das alles nicht wegen so einem Burnout plötzlich verlieren."*

Er wirkt nun wirklich alarmiert. Seine Sorge ist echt und deswegen auch als eine mögliche realitätsbildende Kraft nicht zu vernachlässigen. „In meinem unmittelbaren Lebensumfeld habe ich das gerade bei zwei Menschen erlebt. Einer ist ein nah befreundeter Kollege, der andere noch aus der Studienzeit. Der Eine hat inzwischen auch seine Ehe und Familie verloren. Alles in den Sand gesetzt. Hat mit Tinnitus begonnen." Ja, für Dirk ist das Thema Burnout wirklich ein hautnahes. „Wenn zwei Ihrer nächsten Freunde gerade von einem Burnout-Syndrom massiv betroffen wurden, Dirk, was schließen Sie daraus?", versuche ich meinen Grund aufzubereiten. Ein fragender und etwas entgeistert wirkender Blick begegnet mir. „Ich würde daraus schließen", setze ich fort, „dass die Ratschläge Ihrer Freunde nicht viel taugen, wenn sie selber im Burnout enden. Ich sehe Ihre Situation im Prinzip ganz einfach und wenn Sie sich an ein paar Grundregeln halten, wird ein Burnout-Syndrom kaum Chancen haben, vor Ihrer Haustüre herumzulungern: Machen Sie keine Weltreise auf Pump. Nehmen Sie kein Auto auf Leasing, außer Sie wissen schon nicht mehr, was Sie mit ihrem Geld anfangen sollen. Bauen Sie ein Haus dann, wenn Sie genügend angespart haben. Ansonsten haben Sie hervorragende Karten, denn Sie lieben Ihre Frau und Ihre Kinder und glauben an das, was Sie tun."

Schön langsam beginnt sich auf seinem Gesicht Verwirrung abzuzeichnen. „Und Dirk", setze ich nach, „überlegen Sie sich die Sache mit dem Chor nochmal. Der scheint Ihnen Freude gemacht zu haben. Vielleicht ein viel besserer Ausgleich als Yogastunden, die Sie mühsam finden und Massagen, zu denen Sie sich hetzen müssen."

Wenn aus einem potentiellen „Burnout-Fall" ein Systemkritiker mit Stil wird

Doch was passiert, wenn jemand nicht den üblichen Weg von Rehabilitation oder Berentung geht? Was geschieht wenn einer, der gerade am Burnout vorbeigeschrammt oder von ihm betroffen ist, sich nicht bereit zeigt, entweder als eingestandener und ausgemusterter Leistungszombie in seinem Setzkasten zu vegetieren oder gesenkten Hauptes aber dankbar für die neue Chance sein Hamsterrad von den Sonnenplätzen der Leistungsstarken abmontiert? Wenn er sich weigert, ein paar Etagen tiefer, aber mit unveränderter Dynamik in der Unterliga, mit leichtem Hinken statt im gewohnten Sauseschritt, weiter im Kreis zu traben?

Was passiert, wenn jemand diese Zeit der existentiellen Konfrontation rückhaltlos auch als solche begreift und nachzudenken beginnt, sich Fragen stellt, vielleicht, weil er sich ohnedies mit dem Rücken zur Wand erlebt und dadurch den Mut für die ungeheuerlichen, nicht denkbaren, die verbotenen Fragen findet?

Was geschieht, wenn so ein Jemand, der also vielleicht das Gefühl hat, am Ende des Sinns seines Lebens zu stehen oder knapp davor, der sich allem und jedem einschließlich sich selbst entfremdet findet, den Mut aufbringt, wirklich in sich selbst hinein und zu sich selbst hinzuspüren? Wenn dieser Mensch es wagt, ohne Vorgaben und Ergebnisdruck, ohne Opportunitätsüberlegungen und ohne jemandem gefallen zu müssen, beginnt, sich selbst und was er wirklich ist, was seine tiefen Wünsche betrifft, schonungslos zu erfassen?

Das können seltsame, unerwartete, bisher völlig unzulässige, weder ins Selbstbild noch in die von klein auf in einen gesetzten Erwartungen passende Dinge sein, die diesem Menschen bewusst werden, der dann endlich seinem Selbst begegnet nach dieser Überwindung seines kleinen Ichs. Und dann löst dies zumeist noch eine ganze Kette von unerwarteten und vordergründig unerklärlichen Reaktionen aus.

Wenn Paul den Raum betritt, so füllt er ihn. Mit einer Größe von mehr als 1,95m und einer Statur, die jeden Talent-Scout einer Basketballmannschaft ins Träumen bringen kann sowie einer dazu passenden Art, seinen Körper zu tragen, wirkt er wie ein natürlicher Magnet für Menschen. Zumeist steckt Paul in Maßanzügen und das dynamische Muskelspiel unter dem feinen Tuch weckt Assoziationen mit einem sprungbereiten Tiger. Seit Jahren schon rasiert er sich den Kopf und wenn der energische Takt seiner metallbeschlagenen, handgenähten Schuhe durch die Gänge der Gerichte hallt und damit sein baldiges Erscheinen ankündigt, so führt dies bei seinen Mandanten zu einem Gefühl der Sicherheit, während sich bei den Gegnern die Eingeweide schmerzhaft zusammenzuziehen beginnen.

Paul ist Anwalt. Der beste in seinem speziellen Fachgebiet, der schärfste. Seine Fallaufbereitung ist immer perfekt, seine Linie unbarmherzig, sein Argumentationsstil und seine rhetorische Kompetenz beängstigend und seinen Plädoyers vermag selbst ein Richter kaum zu widersprechen. Es ist klar: mit Paul will man sich nur auf derselben Raumseite in einem Gerichtssaal wiederfinden. Längst hat es sich in der betroffenen Branche, die Paul zumeist vertritt, herumgesprochen, dass dieser Anwalt die Verhandlungen „führt“. Das ist man bereit zu honorieren, denn immerhin geht es zumeist um sehr viel Geld.

Paul kann sich also über eine mehr als traumhafte Auftragslage freuen. Längst hat er seine Kanzlei in erster Lage positioniert und personell bereits entsprechend aufgestockt. Dennoch pochen ständig neue Klienten an. Mit allen anderen, denen es gelingt den besehnsuchteten Olymp einer Berufsgruppe zu erklimmen, teilt Paul das Schicksal, dass sich zahlreiche kollegiale Freunde und argwöhnische Neider um ihn scharren. Das war nicht immer so, ganz im Gegenteil.

Paul fühlte sich den größten Teil seines Lebens, als Kind und Jugendlicher, alleine und von nagendem Selbstzweifel geplagt. Aufgewachsen in einer Plattenbausiedlung am Rand einer Stadt, die zu groß war, um noch die Intimität des wechselseitigen Erkennens zu ermöglichen und zu klein, um über die Enge von miefig spießiger Kleinbürgerlichkeit hinauszuwachsen, ist Pauls Kindheit von den Erinnerungen an einen stets gewaltbereiten, unberechenbaren Vater und einer autistisch anmutenden Mutter, die nur während der Raufhändel mit dem Vater zum Leben zu erwachen schien, überschattet. Die beste Lebenssituation, die er in seinem Elternhaus kennt, ist jene, ungeschoren zu bleiben. Früh entdeckt er den Sport und in der Folge die Bewegung in der Natur zuerst als eine Zufluchtsmöglichkeit, später als Quelle persönlicher Zentrierung. Nach der Matura zieht es Paul in die ganz große Stadt und er beginnt in seinem kleinen Zimmer im Studentenwohnheim Jus zu studieren, unbeirrbar, konsequent, zäh, jedem Detail bis zum Grund folgend, von einem fast besessen anmutenden inneren Antrieb gesteuert. Das Studium ist seine Fahrkarte in ein anderes Leben – weg von dieser Familie, mit der er konsequent bricht.

Leistungen wie jene von Paul werden gesehen und belobigt. Bereits früh beginnt sich eine brillante Karriere abzuzeichnen. Paul heiratet eine, wie es ihm scheint, passende Frau, die zwar etwas kühl mit ihm ist, doch das kennt er nicht anders. Außerdem ist sie von ebensolchem unbeugsamen Ehrgeiz wie er, wenn auch in einem anderen Fachgebiet. Ein Kind wird geboren und Jahre des unermüdlichen Aufbaus folgen. Pauls Leben segelt absolut auf Erfolgskurs: Der Sohn in einer Privatschule, die Kanzlei im Zentrum der Stadt lokalisiert, sein Ruf als Platzhirsch gefestigt, der gesamte Parcours der Erfolgreichen, von Weltreise, über dickes Auto, bis zu Dachterrassenloft und dem, was man in Schubladen und Kleiderschränken so haben muss, ist absolviert.

Und nun? Pauls Frau drängt darauf, sich in Richtung des nächsten „Hochplateaus für Eliten" zu orientieren. Golf spielen wäre jetzt eigentlich dran, und man könnte sich ein ungewöhnliches, ein spannendes Hobby wie Paragliding oder Helikopter-Schifahren zulegen. Eine Option wäre auch noch, ein Wochenendhaus irgendwo im Ausland zu bauen oder zumindest exotische Reiseziele anzuvisieren, mit denen man auch bei Bekannten punkten könnte. Irgendwie muss man sich ja etwas gönnen und gleichzeitig seinen Erfolg für alle anderen gut sichtbar inszenieren.

Doch Paul stellt fest, dass ihn sein gewohnter Elan zu verlassen beginnt. Die Verhandlungen, die er wie immer gewinnt, lösen nicht mehr das gewohnte Triumphgefühl in ihm aus. Manchmal fühlt er sich richtiggehend leer und erschöpft. Der Sieg hat einen schalen Beigeschmack bekommen, wirkt unecht. Paul weiß nicht, was mit ihm los ist. Er ist beunruhigt, irritiert und kommt zunehmend auch in der Beziehung zu seiner Frau, die mit seiner Wesensveränderung ganz schlecht zurechtkommt, in Bedrängnis. Die langen Tage in der Kanzlei werden zu einem Martyrium. Den beständigen Emailstrom, dem er sonst immer bereits am frühen Morgen mit gespannter Neugier begegnet ist, schafft er kaum mehr. Es dauert oft Stunden, bis er sich zu Kliententelefonaten aufzuraffen vermag. Die Wochenenden verbringt er dumpf vor sich hin brütend oder gleich im Bett, und die familiäre Situation wird unhaltbar. Die Scheidung von seiner Frau und die damit verbundene, aus seinem Blickwinkel von zahlreichen Friktionen beladene, schwierige Zugangssituation zu seinem Sohn, mit dem ihn ein extrem inniges Verhältnis verbindet, werden zum Wendepunkt seines Prozesses.

Paul, der von den denkbar schlechtesten Ausgangsbedingungen aufgebrochen ist und jeden Pokal im gesellschaftlichen Rattenrennen um die besten Plätze gewonnen hat, erlebt sich am Abgrund seiner Existenz stehend. „Ein wirklich vollkommenes, schonungsloses, mit nichts mehr zu überschminkendes Sinnlosigkeitsgefühl hatte sich meiner bemächtigt", beschreibt er es im Nachhinein. „Es fiel mir wie Schuppen von den

Augen, dass ich mein ganzes Leben über immer wieder neuen vorgegebenen Zielen nachgelaufen bin, immer in der Hoffnung, damit Anerkennung und Zugehörigkeit zu bekommen. Ich konnte plötzlich diese unendliche Müdigkeit meines ganzen sinnlosen Rennens fühlen und das machte mich unendlich traurig. Nichts, was ich je erreicht habe, egal ob wirtschaftlich oder fachlich, hat mich wirklich auf Dauer glücklich machen können. Ein kurzes Gefühl der Bestätigung, das war alles. Und ein bequemer, teuer mit meiner Lebenszeit erkaufter Lebensstil. Als mir klar wurde, dass ich Momente größten Glücks nicht in der Kanzlei oder während eines Luxusurlaubs erlebte, sondern wenn ich meinen Sohn in die Arme schloss und mit ihm ein Stück Leben wirklich teilen konnte, hatte ich das Gefühl, bisher um mein ganzes Leben gebracht worden zu sein. Wieso werden wir nur alle darin bestärkt, mit all unserer Energie in die falsche Richtung zu laufen?"

Paul beginnt, mit der ihm eigenen Konsequenz, sein Leben umzugestalten und seine Prioritäten umzuordnen. Er kündigt Klienten, die zwar lukrativ sind, aber in ihren ethischen Überlegungen zweifelhaft, und löst damit heftiges Köpfeschütteln aus. Wohlmeinende Freunde nehmen ihn zur Seite, wollen seinen „Zustand" mit ihm besprechen und drücken Besorgnis aus, dass er all seinen Erfolg nun mit unüberlegten Handlungen gefährden könnte. Als Paul damit kontert, dass er die Kanzlei zurückfahren werde, weil er sich anderen Dingen und Herausforderungen widmen wolle und er materiell nicht „so viel" brauche, beginnt das große Abrücken. Paul hat damit gegen das eherne Gesetz der Steigerungsgesellschaft von „immer mehr und immer größer" verstoßen. Wenn er sich jetzt nicht raschest besinnt oder zumindest für „vorübergehend krank" erklären lässt, ist er nicht mehr tragbar. Doch Paul denkt nicht daran, sich dem alten Paradigma weiter zu unterwerfen. Während Kollegen beim gemeinsamen Bier über ihren mörderischen Stress und unmögliche Klienten klagen, die sie allesamt noch ins Burnout treiben werden, berichtet er zunehmend entspannter von seinen Gipfelerlebnissen beim Bergwandern, den be-

glückenden Momenten gemeinsamer Aktivitäten mit seinem Sohn und der Entwicklung seiner neuen beruflichen Lebensperspektive. Die früheren „besten Kollegen" schlagen bald schon jedes gemeinsame Bier aus und die früheren „besten Freunde" lassen immer mehr sarkastische, zum Teil sogar feindselige Bemerkungen hinter seinem Rücken fallen. Paul wird deutlich weniger eingeladen.

„Es war, als wäre ich plötzlich ein Aussätziger geworden", erinnert er sich, „so als trüge ich eine gefährliche, ansteckende Erkrankung in mir. Und viele, von denen ich es nie erwartet hätte, haben sogar enorme Energie hineingesteckt, meine neue Lebensart und mich als Person schlecht zu machen. Es war, als würden alle hinter meinem Rücken sagen: Der ist wahnsinnig geworden. Was bildet sich der nur ein? Das kann nicht gut gehen. Der wird schon noch sehen. In ein paar Wochen wacht er im Rinnsal auf, aber dann braucht er nicht zu uns kommen."

Paul sind in der Zeit seines Wandels ganz wenige Menschen aus seinem früheren Leben geblieben. Dafür hat er ganz neue Menschen kennengelernt, solche, an denen er in seinem früheren Leben vorbeigegangen wäre, auf die er aber jetzt ganz sicher nicht mehr verzichten will. Es sind Menschen, die nicht dauernd von Freundschaft reden und auch nicht als erste Frage den Beruf ihres Gegenübers abchecken. Es sind Menschen, die, wie Paul es nennt, begegnen können, sich auf den anderen einlassen und in Kontakt treten, ohne sich etwas davon zu erwarten. Ein alter, lang aus den Augen verlorener Studienkollege, ein Bergführer und noch ein paar andere.

Paul arbeitet übrigens noch immer sehr viel. Allerdings hat er sein bestens bestücktes Kompetenzprofil kritisch reflektiert und eine nicht verhandelbare Kondition entwickelt: Er übernimmt nur mehr das, was ihm ein gefühltes Anliegen ist.

Pauls Geschichte, sein Weg am drohenden Burnout vorbei, über einen sehr persönlichen mutigen Schritt der Selbstkonfrontation bis zu der für ihn erfüllenden und sinngebenden neuen Lebensaufstellung macht transparent, wie das bestehende Gesellschaftsmodell mit „Systembrechern" umgeht. Wer sich hier kritisch erweist, hinterfragt oder umdenkt und einen Weg einschlagen möchte, der sich dem Wachstums- und Konsumdogma entgegenstellt, wird als Aussteiger belächelt oder für verrückt erklärt. Wenn dies kraft der Kompetenz und grundsätzlichen Leistungsfähigkeit der betreffenden Person nicht geht, wird er ignoriert oder als stärkstes Disziplinierungsmittel einer Gemeinschaft aus dieser verbannt.

Auch Fred, jener Strahlemann, der mir in der Privatklinik begegnet war und dessen weiteren Prozess ich begleiten durfte, sammelte ganz ähnliche Erfahrungen. Er hatte festgestellt, dass sein Herz im tiefsten Inneren für Kinder schlug. Nicht für eigene, dafür fehlte ihm die Voraussetzung einer erprobten Partnerschaft, aber für Kinder grundsätzlich. Seine Aktivitäten rund um ein Waisenhaus im indischen Subkontinent wurden von seinen Freunden und Bekannten zuerst als „löbliche Marotte" angesehen, bis sich mit zunehmender Verlagerung seiner Aktivitäten auf dieses wenig lukrative Geschäftsfeld Befremdung und Besorgnis und in der Folge die beschriebene Abkehr der ehemaligen „Waffengefährten" einstellte. „Nach Beirut auf ein Weekend ist jeder gern mit mir gefahren", stellte er einmal nachdenklich und gleichzeitig bereits schmunzelnd fest. „Das ist ja derzeit einer der begehrten Hotspots der Checker, dem der Nimbus von Gefährlichkeit und Exotik anhaftet. Da gibt es ein wenig Nervenkitzel und man kann punkten in Sachen Mut, vor all den anderen, die nur nach Paris oder Rom fliegen. Aber zu mir ins Waisenhaus traut sich keiner mitkommen."

Auch Fred arbeitet heute sehr viel, aber in einem Rhythmus, der seinem Sein und seiner Körperlichkeit entspricht und nicht darauf ausgerichtet wird, etwas beweisen zu müssen. Petra, die zum Zeitpunkt ihrer „Begutachtung" bei mir noch jedem Therapieversuch gegenüber abgeneigt war, klopfte ein gutes Jahr später wieder an meine Praxistür. Ihrer ihr selbst abstrus vorkommenden Leidenschaft für Metall konnte mittels eines ersten zaghaft begonnen Schweißerkurses in einer Volkshochschule zum Durchbruch verholfen werden. Ihr bisheriges, sie als „psychischen Sozialfall" sehendes Umfeld ließ sie wegen dieser ausgefallenen „Beschäftigungstherapie" ungeschoren, bis sie begann, für Ausstellungen angefragt zu werden und als Künstlerin Geld verdiente. Seither muss auch sie sich mit Neid auseinandersetzen.

Doch die Frage liegt nahe: Was ist das Verbrechen dieser Menschen und auch aller anderen, die einfach ihr Leben in die Hand nehmen und aus dem ewigen Steigerungsrad aussteigen? Weshalb wollte man zum Beispiel Paul mit erhobenem Zeigefinger in die Gleichschrittkohorte schaffender, raffender Anwälte zurückholen? Was macht seine Entscheidung so ungeheuerlich, so infam?

Hier ist einer, der feststellt, dass ihn diese Art von Leben aushöhlt, mit der es ihm nicht mehr gelingt, eine entsprechende Sinnbefüllung verbinden zu können, und der alle „Auftankstationen" der Konsumgesellschaft entweder bereits versucht hat oder als nicht mehr glaubwürdig erleben kann. Hier ist einer, der es, unter dem Druck seiner gefühlten Sinnleere, sogar schafft zu definieren, was ihm wirklich Sinn geben könnte und was er will. Und dennoch löst dies nicht Zustimmung, sondern Befremdung und Feindseligkeit aus. Könnte es sein, dass Menschen wie Paul, die nämlich tatsächlich und unleugbar wirkliche schonungslose Selbstwahrnehmung zulassen und die daraus folgende Selbstverantwortung übernehmen, für uns andere die Scharade spürbar machen, auf die wir uns als angeblich unverrückbare Realität geeinigt haben?

Könnte es sein, dass wir diese Menschen als Bedrohung erleben, als eine Bedrohung für unsere gesellschaftliche Übereinkunft, dass das gängige Weltbild des Hamsterrads die letztgültige Wahrheit repräsentiert? Fordern uns diese Personen heraus, aus unserer bequemen Deckung des „die Welt ist eben so" herauszutreten und festzustellen, dass wir die Lösung selbst an der Hand haben aber dafür selbst Verantwortung übernehmen müssen? Denn wenn ich mich tatsächlich in meiner speziellen „Seinsweise" mit meinen Talenten und Fähigkeiten, Eignungen und Vorlieben zu erkennen vermag, dann muss ich in einem nächsten Schritt an den Platz gehen, an dem ich mich am besten einbringen kann, um dort für die Erreichung eines „Metaziels" (etwas, das außerhalb von mir selbst liegt und zu dem ich sinnvoll beitragen kann) meinen Einsatz zu geben und dabei meinen Sinn zu finden.

Das kann dann wie in meinem Fall heißen, ein Buch zu schreiben oder im Fall eines Verlegers, in das Erscheinen des Buches Kraft zu investieren. Das kann aber auch bedeuten, einen Bus zu lenken oder Versicherungsfälle zu bearbeiten, alte Menschen zu betreuen, Kinder zu unterrichten oder was auch immer. Aber es ist meine Wahl und damit meine bewusst gefühlte Verantwortung. Gelingen wie Misslingen wurzeln zuallererst bei mir. Dieser Ansatz scheint uns wenig zu schmecken. Die meisten Menschen benehmen sich lieber so, als wäre ihnen ihr Leben aufgeschweißt worden und sie müssten nun als Opfer unveränderbarer Umstände damit herumlaufen.

Pauls Kollegen klagten beim Feierabendbier ausgiebig über ihre Kunden, die Richter, ihre Angestellten und den Wahnsinnsjob, der sie noch ins Burnout treiben werde. Dennoch bleibt hier unangetastet, ob diese Art und Weise unser Leben anzulegen naturgesetzartig als die einzig mögliche gesehen werden muss. Es ist, als wäre im gesellschaftlichen Dialog ein imaginäres Stopp-Schild im Bewusstsein eines jeden aufgepflanzt, das uns am Weiterdenken hindert, als würde uns ein Elektrodraht mit hoher, ja lebensgefährlicher Ladung erwarten, wenn wir an dieser Stelle nicht aus „Vernunft" resignieren und uns mit den Konsumbelohnungen des Systems Zufriedenheit vorgaukeln.

Sind Menschen wie Paul deswegen so schwer für ihre frühere Umgebung auszuhalten, weil sie sich auf das große, für die selbständige Gestaltung freie Feld hinter dem Stopp-Schild vorgewagt und den Starkstromzaun überklettert haben? In der Tiefe unseres Herzens wünschen wir ihnen, dass ein Donnerkeil auf sie niederfahren möge, um ihrem Frevel des Systembruchs ein Ende zu bereiten. Damit wäre dann der leichte Zweifel, der so manchen von uns befällt, wenn wir Menschen wie Paul begegnen, wieder zum Schweigen gebracht, das gesellschaftliche Glaubenssystem in seiner vollen Würde und Glaubwürdigkeit wieder restituiert. Dass Menschen wie Paul augenscheinlich zufrieden sind und ihr Leben gestalten, ohne die Zuflucht einer stammtischartigen Opfergemeinschaft zu benötigen, ist offenbar unerträglich. Dass sie gegen das uns alle vorantreibende, uns durch jeden Feuerreifen springen lassende „mehr und noch mehr" immun geworden sind, macht uns so wütend, weil es uns unsere Feigheit und Schwäche, unsere Wehleidigkeit und Bequemlichkeit vor Augen führt, die uns daran hindern, ihrem Beispiel zu folgen.

Und wo sind wir heute in unserer schönen, neuen, bunten Welt angekommen?

Unsere Kinder sind unbeherrschbare Tyrannen (so Michael Winterhoff in seinem gleichnamigen Buch) und auch sonst nicht ganz auf der Höhe. Zumindest sieht es danach aus, wenn man die europäischen Jugendgesundheitsberichte halbwegs aufmerksam zur Kenntnis nimmt, die bei bis zu 12 Prozent der Kinder Vorstufenbefunde für spätere chronische Erkrankungen in der Größenordnung von Diabetes mellitus, apoplektischem Insult oder koronarer Herzkrankheit erheben. Mit Autismus assoziierte Syndrome und Verhaltensoriginalitäten, eine deutliche Zunahme von Persönlichkeitsstörungen, allen voran jene der narzisstischen Art, kämpfen miteinander um die Spitze im Ranking. Der Rest der Jugend will in erster Linie einmal „chillen", bevor er über das leidige Thema Arbeit nachdenkt, denn das Beispiel der Elterngeneration scheint, zumindest als durchgehendes Modell, wenig Attraktivität entfalten zu können. Es hat fast den Anschein, als wären unsere Kinder und Jugendlichen faul, fett, krank, wehleidig, persönlichkeitsgestört sowie leistungs- und verantwortungsverweigernd wie noch keine Generation vor ihnen. Doch Achtung: Die Entwicklung der Kinder und Jugendlichen hält uns als Gesellschaft die Auswirkungen unserer Sozialisierungsarbeit wie einen Spiegel vor Augen. Wie wir im Umgang mit unseren Kindern auftreten, mit welchen Werten, Haltungen und Überzeugungen wir also sozusagen „in den Wald rufen", so schallt es uns als Fleisch und (Un-)Geist gewordene Realität in Gestalt der noch ungeschliffenen Lebenshaltung unserer Jugend wieder entgegen. Und die Jugend scheint die „Message" von „Konsum macht happy" geschnallt zu haben. Fast ist man geneigt zu sagen: Egal, zu welchem Preis, wenn man sich ansieht, dass bereits etwa ein Fünftel der Privatinsolvenzen in Österreich in die Altersgruppe 18–24 Jahre fallen. Kaum geschäftsfähig und schon im Konkurs. Dem kann man bei ungebremstem Konsumwunsch und einer hochgedrehten Begehrlichkeitsindustrie ja dann damit zu entkommen versuchen, dass man den Kriterienbaum für die Berufswahl und damit für die Tätigkeit, die einen einmal ernähren können soll, möglichst überblickbar und eindeutig gestaltet.

Zum wichtigsten Auswahlfaktor für die Berufswahl ist folgerichtig unter jungen Menschen der Verdienst geworden. Viel Kohle soll der Job bringen und das in möglichst wenig Zeit, wenn geht. Was man dafür tun muss, solange es nicht krass anstrengend ist, rückt demgegenüber in den Hintergrund. Denkbar schlechte Karten, die wir da unserer Jugend zum Thema berufliche Sinnfindung und Befriedigung in die Hand gedrückt haben.

Eingeräumt muss hier werden, dass dies, obwohl durch eine belegbare Datenlage demonstrierbar, natürlich ein Stimmungsbild ist und nicht die allgemein gültige Charakteristik, die auf jeden jungen Menschen des neuen Jahrtausends zutrifft. Natürlich gibt es auch ungemein patente, bewusste, verantwortungsbereite, reflektierte junge Menschen, die das andere Ende des gesellschaftlichen Gummibands in ihrer Persönlichkeitsentwicklung und Ernsthaftigkeit repräsentieren. Diese Exemplare sind in der Lage, weitaus reifere und tiefer gehende Überlegungen zu produzieren, was die gegenwärtige gesellschaftliche Problematik betrifft, als dies die noch obrigkeitsgläubig dressierte und in ihrer Jugend noch nicht ausreichend gehäutete Vorgeneration vermochte.

Doch glaubt man der, nicht nur hinter vorgehaltener Hand geäußerten, Einschätzung von Lehrern, die im täglichen Nahkampferleben als pädagogische Wärter querschnittsmäßig durch das Lebensfeld unserer Kinder und Jugendlichen waten, so war Klassenführung noch nie zuvor ein derartig harter Knochenjob. Und würde man das, was sie nach dem Kampfeinsatz Klassenzimmer beim Pausengespräch im Lehrerzimmer so äußern, für bare Münze nehmen, so müsste man ernsthaft ins Grübeln kommen – nicht nur über die Berufsgruppe der Lehrer, wie es gerade modern ist. Faktum scheint zu sein, dass die Gruppe jener, die bereit sind, ihr Leben in friedlicher Symbiose mit ihrer Spielkonsole, einem Kühlschrank, ihrem Handy, dem Bankomaten, ein paar Pizzakartons und Shoppingtouren zu fristen und dabei unter Umgehung jeder sonstigen Beschäftigung oder gar Anforderung und einer damit verbundenen Sinnfindung ihre Zeit im wahrsten Sinn des Wortes zu „verspielen", im stetigen Zunehmen begriffen ist.

Solange das Handy Saft hat und man den ganzen Tag „Bildchen streamen" kann, „likes" verschicken oder aber für eigenes Gepostetes einsammeln und sich damit in einem oberflächlichen sozialen Netzwerk „Geborgenheit" vorgaukeln kann, geht alles gut. Aber wehe, man muss sich mal in einer „nicht netzabgedeckten Zone" bewegen. Damit kann man im Handumdrehen Studiendesigns zu Panikattacken bei Jugendlichen generieren. Ob es damit zu tun hat, dass im Zeitalter der ornamentalen Bildkultur – dem sich richtig visionäre, tief schürfende Medien ja schon vor längerem vorausschauend verschrieben haben – mehr als zwanzig Prozent unserer Jugendlichen bereits funktionelle Analphabeten sind, bleibt derzeit noch unbeantwortet.

Klar ist allerdings, dass für diese große Bevölkerungsgruppe jeder Text kyrillisch anmutet. Das bleibt natürlich für die davon Betroffenen, die nach einem stark behinderten Bildungsgang nur in minderqualifizierten Berufssegmenten, von denen es zunehmend weniger gibt, Unterschlupf finden können, nicht ohne Konsequenz. Das Ganze wird auch damit nicht besser, dass es ihnen selbst zumeist gar nicht aufzufallen vermag. Beim Thema eigenständige Meinungsbildung sind nämlich jene, die selbst kaum mehr sinnerfassend und mit ausreichender Konzentrationsfähigkeit einen Text von mehr als einem Absatz lesen können, ziemlich amputiert. Denn gerade die tiefer gehende, unterschiedliche Standpunkte ausführende und abwägende Auseinandersetzung mit einem Thema braucht in umfassender Form das geschriebene Wort und nicht das in der Talkshow inszenierte Statement nach Opportunitätskriterien oder die Arena-Atmosphäre von miteinander medienwirksam ringenden Kontrahenten.

Dafür wird aber alles besser lenk- und steuerbar, zumindest solange ein „satter, konsumbeschäftigter Zustand“ erhaltbar ist: Denn wer Sprache nicht in differenzierter Form zu gebrauchen erlernt, der hat früher oder später auch ein Problem mit differenziertem eigenen Denken. Das Beziehen einer eigenen, selbstständig erarbeiteten Haltung gestaltet sich unerreichbar, da schon der Bereich der Feinwahrnehmung des eigenen Selbst in Ermangelung der dafür vorhandenen Begriffe nur mangelhaft ausgebildet ist. Wie also soll ich über ein Problem nachdenken, wenn mir letztendlich die Worte dafür fehlen, es nuanciert benennen zu können, ja wenn mir sogar die Begriffe dafür fehlen, meine eigenen Gedanken zu denken?

Die Folgen lassen sich am Beispiel eines zwölfjährigen Patienten von mir ermessen, dessen Eigenwahrnehmung so mangelhaft ausgebildet war, dass er nur mehr zwischen „cool und shit“ zu unterscheiden vermochte. Das führte dazu, dass er – ohne sich durch eine tiefere Konsequenz-Überlegung aufgehalten zu fühlen – kurz entschlossen den Zopf der vor ihm sitzenden Mitschülerin anzündete, um in den angenehmen, sprich angereizten „coolen“ Zustand zu gelangen.

Stellen wir diese sich entwickelnde Form potentialreduzierter Auseinandersetzung in Rechnung, wird öffentliche Meinungsbildung damit immer mehr zu einer Frage des „Vordenkens“ und damit der Mediendurchdringungsquote, sprich zu einer Frage der eingesetzten Finanzmittel, mittels derer sich all jene Bildchen erzeugen lassen, die uns auf allen Wahrnehmungskanälen möglichst multimodal „vollstreamen“.

Der, der zahlt, bestimmt zunehmend die gültige Wahrheit. Dass hierbei andere als dem Gemeinwohl zuträgliche Motive im Spiel sein könnten, würden nicht einmal jene, die kaum mehr lesen können, bezweifeln. Aber um herauszufinden, wo es wirklich krass ist und wo es nur um den verzeihbaren Versuch geht, ein bisschen die Rendite anzuheben, fehlen ihnen die notwendige Ausdauer und die Basiskompetenzen. Ein schleichender Prozess der Entkulturalisierung, wie er sich bei der vergleichenden Analyse von Struktur, Satzaufbau und Wortschatz von Deutschaufsätzen über die Jahrzehnte in der Einengung der Begriffsvielfalt und Simplifizierung im Satzbau von Generation zu Generation widerspiegelt. Nicht umsonst nennen sich „Lesen und Schreiben“ übrigens Kulturkompetenzen.

Aber da diese ganze Entwicklung ja auch feine, sprich angenehme, das Ego des einzelnen Konsumenten aufwertende und beschmeichelnde Komponenten hat, fühlen wir uns alle wohl in diesem weichen, warmen, geregelten, vorgedachten Konsumkokon, der uns noch dazu das Gefühl von persönlicher Wahlfreiheit vermittelt. So gerne wollen wir glauben, dass alles gut ist und nichts in unserem Leben schief gehen kann, solange wir angebotsgemäß „anderen unsere Sorgen überlassen haben", wie eine bekannte Versicherungsfirma in ihrer Werbung erklärt. Anderen, die uns auch gleich vor unseren hartherzigen, uns schon heute nicht einmal ein Tortenstück gönnenden Kindern bewahren werden, wie uns eine andere Werbung derselben Firma vor Augen führt. Weiteren Werbebotschaften nach sollen wir uns als „Wunder Mensch" versichern und das richtige, rechtsdrehende Joghurt mit dem so gesund klingenden Lactobazillus täglich durch unsere Eingeweide jagen.

Wenn uns dann im Brustton geübter Sprecherstimmen noch täglich vermittelt wird, „Nimm dir, was du brauchst, nur das Beste ist gut genug für dich", so ist auch dem größten Miesepeter angesichts dieser narzisstischen Aufwertung klar, dass, den Kauf des so beworbenen Produkts vorausgesetzt, er in der besten aller Welten angekommen sein muss. Egal, wie er sich fühlen mag.

Wie ist nun der aktuelle sozialpsychologische Status der reichen Technologiegesellschaften zu sehen? Sind wir wirklich alle so glücklich, nutzen wir unsere errungene Wahlfreiheit, ohne an der Wahlverantwortung zu scheitern, und in welchen Zusammenhang ist die in den Medien reflektierte, grassierende Burnout-Epidemie dazuzusetzen?

Die letzten zwanzig Jahre, jene nach dem Fall der Berliner Mauer und dem Sturz der letzten autokratischen Regime Europas, sind sozialpsychologisch gesehen mit einer Entfesselung des Egos, einem Narzissmus-Boom einhergegangen. Ein interessantes Phänomen, dem es sich lohnt, unter das Mäntelchen zu blicken. Dem renommierten Time Magazine war diese Ego-Gesellschaft erst vor wenigen Monaten die Cover Story wert, als es von der „ME ME ME"-Generation berichtete und Lebensstil und Wertewelt der sogenannten „Millennials" beschrieb, jener nach 1980 geborenen Generation, die von

Hochtechnologie und digitaler Selbstdarstellung geprägt wird und die das Steuerruder der Gesellschaft in absehbarer Zeit in ihre Hände nehmen muss.

Was hat – neben der rasanten Technologieentwicklung, mit deren atemberaubender Geschwindigkeit nur flexible User Schritt zu halten vermögen – die Gestaltung dieses neuen so selbstzentrierten Menschenbilds, das in scheinbar paradoxer Weise so häufig ins Burnout führt, in den letzten Jahrzehnten befördert?

Als das am meisten einschneidende Ereignis der letzten Jahrzehnte, das unser kollektives Selbstbewusstsein und Selbstbild in seinen unbewussten fundamentalen Schichten wohl am stärksten geprägt hat, muss retrospektiv die Aufhebung der alten globalen Polarisierung zwischen Ost und West und damit einhergehend die Entscheidung des Kampfes zwischen „Gut und Böse" gesehen werden. Welch Jubel und freudige Ekstase hatte doch die gesamte, sich als zivilisiert ansprechende Welt ergriffen, als kein Sperrfeuer mehr das Überklettern der Mauer zu vereiteln versuchte, als die Bulldozer kamen und mit ihnen die Souvenirjäger, die die Revolution auch gleich als kommerzialisierbar erkannt hatten. Die Befreiung des Ostens wurde zum Symbol des befreiten Menschen, dem es aus seiner Position der Ohnmacht gegen die böse Staatsgewalt heraus gelungen war, die Unterdrückung durch ein autoritäres Regime triumphierend zu durchbrechen.

So wunderbar es anmutet, wenn Terror, Angst und die Macht einer Nomenklatura demontiert werden und so sehr man andererseits gegenüber der nachfolgenden Verteilungsgerechtigkeit bei der neuen marktwirtschaftlichen Aufstellung der betroffenen Länder seine Bedenken hegen kann, muss man gleichzeitig auch attestieren, dass ein derartiger Umbruch in unserem organisierten Weltgefüge nicht ohne tiefendynamische Auswirkungen für uns selbst bleiben konnte. Vor allem, da sich doch augenscheinlich der westliche Lebensstil durch den Ablauf der Geschichte als der letztendlich ideologisch überlegene erwiesen hatte. Haben wir nicht alle damals ein tiefes Bestätigungsgefühl für unseren Lebensstil, unsere Werte und damit für die zu Grunde liegenden Überzeugungen erlebt? Das Gute und Richtige, sprich die Wertehaltung des Westens und sein Wirtschaftssystem hatten über das Böse und Falsche, sprich das Systemselbstverständnis autokratischer, Menschenrechte verachtender Regime und die entsprechend unproduktive Planwirtschaft gesiegt. Es ist zutiefst befriedigend, auf der Seite der „Gewinner" zu stehen, jener, denen die Geschichte Recht gibt, wenngleich dies vielleicht auch nur für den Moment der aktuellen Entwicklung gilt.

Das hat uns sogar so großzügig gemacht, dass in Deutschland den „Ossis" gleich einmal ein „Begrüßungsgeld" in die Hand gedrückt wurde, damit sie sich endlich etwas Schönes kaufen können, damit sie also die wichtigste Spielregel, nämlich zu konsumieren, gleich zu Beginn richtig auf die Reihe kriegen. Eigentlich hätten wir sie ja auch ins Theater oder zu Konzerten einladen, oder die Pforten unserer Museen öffnen können, statt die in unseren Shoppingtempeln. Der Triumph des Westens über den Osten stand also auch gleichzeitig für die Überlegenheit des Kapitalismus und materialistischen Konsumismus gegenüber der Planwirtschaft des Kommunismus. Diese Rechnung ist einfach und hat eine für jeden leicht nachvollziehbare und überprüfbare Legitimation. Drüben im bleiblauen Werktätigenparadies war alles desolat, stumpf, düster und gebückt – herüben herrschte strahlender Sonnenschein. Und wenn nicht dieser, so jede Menge künstlicher Beleuchtung und ein riesiges Warenangebot für jeden Geschmack. In der sich daraus ergebenden und dem Selbstbild des Westens schmeichelnden Verkürzung bedeutete dies: Unser Weg ist der richtige. Kapitalismus und Konsum sind gut, ja lebenszentral. Gleichzeitig stellte sich ein Grundmisstrauen jeder Autorität gegenüber ein, die zunehmend unter den Verdacht geriet, willkürlich zu sein und damit zum Gegenstand von nicht nur lautstarker sondern auch grundsätzlicher und bisweilen bis ins Skurrile gesteigerter Hinterfragung sowie nachfolgender Demontage wurde.

Noch nie zuvor hatte sich zum Beispiel ein Radiosender erdreistet, Schüler aufzufordern, während der Sendung anzurufen, um vom besten Streich, den sie ihrem Lehrer gespielt haben, publikumswirksam und unter kommentatorischem Schulterklopfen zu berichten. Auch das Feld der „demokratischen Evaluierung“ mittels Radiobefragung, das häufig mehr den Charakter der Verhöhnung von traditionellen Autoritäten annimmt und über das ausgeschlachtete Beispiel eines versagenden Mitglieds einer Berufsgruppe einen gesamten Berufsstand mit Misstrauen oder Abwertung belegt, wurde entdeckt.

Der Einzelne, das Individuum, ausgerüstet mit seinem Anspruch, alles selbst wählen, beurteilen und entscheiden zu können, begann zunehmend als Regelfall ins Zentrum zu treten. Nicht mühselig erworbenes Fach- oder über Jahre aufgebautes Erfahrungswissen ist heute die Grundlage, um sich als moderner Mensch in einem Fachbereich oder Thema für befähigt zu halten, eine Meinung abzugeben, sondern die Kompetenz wird quasi ab origine reklamiert, alleine das spontane Interesse am Thema genügt als Legitimation. Dass damit nicht unbedingt die Besten ihres Faches Anerkennung erfahren, sondern vielfach die Dienstleistungsorientiertesten, muss als logische Konsequenz dieser gesellschaftlichen Disney-Land-Diktatur gesehen werden und betrifft weite Bereiche eines immer komplexer werdenden Lebensumfelds.

Für den selbstbestimmten modernen, konsumverliebten Menschen ist heute „nix fix" aber alles möglich. Wir sind im Zeitalter des narzisstischen Individualismus, der narzisstischen Selbstinszenierungskultur angekommen. Jeder ist sein persönliches Kunstwerk, seine private Selbstinstallation und damit „art in progress". Und jeder will jederzeit seine Richtung oder die Idee seiner Selbsterschöpfung verändern können, das jeweils gerade Interessante, Reizvolle in sein persönliches Mickey-Maus-Leben hineinpacken. Maximale Wahlfreiheit für die Entfaltung des individuellen Potenzials unter Nachreihung gemeinschaftlicher Interessen ist angesagt. Was schert mich, was ein anderer will? Was schert es mich, welche Konsequenzen meine Wünsche für diesen anderen haben? Die Ich-AG entwickelt sich mehr und mehr zum Normalhabitus unserer Menschwerdung. Das Menschenbild ist somit zu einem autopoietischen geworden – einem mich selbst und aus mir heraus erschaffenden. Über mir, außerhalb von mir will ich keine Grenze, keine Beschränkung mehr erleben müssen. Ich akzeptiere keine gestaltende, höhere Kraft, die auf mein Leben einwirkt, außer mir selbst.

Dass dieser krasse Verlust von Demut, Akzeptanz meiner Position und Einbindung in das Gesamtgebilde der Welt mit seinen Steuermechanismen, von Umwelt bis zu zwischenmenschlichen Beziehungen, nicht ohne Friktionen und Enttäuschungen abgehen kann, liegt eigentlich auf der Hand. Wenn ich mein Leben als eine selbstdesignte, hochinteraktive Soap aufsetze, in der ich Hauptdarsteller bin und für die ich auch jede Folge mit entsprechendem Applaus für mich selbst schreiben möchte, wenn ich Beziehung als Eventkultur lebe, die mich bestätigen soll; wenn ich mir als Spezies kollektiv mit gigantischen, hypertrophen Bauprojekten unter Umgehung jeglicher ökologischer Bedenken und unter Beiziehung wirtschaftlicher Rechtfertigung Denkmäler meiner Selbstverliebtheit setze, so wird es im doch ressourcenlimitierten Raum in absehbarer Zeit sehr eng.

Ich finde mich dann am Ende, wie es die zahlreichen Beispiele der „Lebensenttäuschten", für die dieses Konzept nicht aufgeht, demonstrieren, mit unliebsamen realen Sachzwängen konfrontiert. Und dennoch schallt der Tenor „Das Maß der Dinge will ich sein" weiter laut durch unsere Gesellschaft und wird unseren Kindern, kaum dass sie ihren Hintern der Schwerkraft erfolgreich entziehen können, als Richtschnur vorgehalten. Auch hier unterstreicht die Datenlage zu den „Millennials", die wie erwähnt in absehbarer Zeit das Gesellschaftsruder in die Hand nehmen sollen, die beschriebene Entwicklung: Das amerikanische *National Institute of Health* bescheinigt heutigen jungen Erwachsenen in ihren Zwanzigern eine dreimal so hohe Rate an narzisstischen Persönlichkeitsstörungen, wie sie für heute 65-jährige erhebbar ist. Das lässt nichts Gutes ahnen, stellt man sie sich als zukünftige Führungskräfte, Entscheidungsträger oder auch nur als Gegenüber in alltäglichen Lebenssituationen vor. Diesen Sachverhalt beschreibt auch eine andere Studie an College-Studenten, der zufolge bereits im Jahr 2009 58 Prozent von ihnen höhere Punktewerte für narzisstische Persönlichkeitszüge im Verhältnis zu einer Studie von 1982 erreichten. „Millennials" sind so von sich überzeugt und eingenommen, dass nicht nur 40 Prozent der Meinung sind, sie sollten jedes zweite Jahr unabhängig von ihrer tatsächlich messbaren Leistung befördert werden, eben einfach so, sondern 60 Prozent von ihnen auch gemäß der „National Study of Youth and Religion" mit blauäugigem Augenaufschlag der Überzeugung anhängen, dass es keiner äußeren handlungsanleitenden und Orientierung spendenden Moral bedürfe, weil sie in jeder Situation sowieso richtig handeln würden.

Gleichzeitig bleiben diese „selbstsicheren" Jungen wie noch keine Generation vor ihnen substantielle, sprich an die Wirtschaftsleistung der Elterngeneration angebundene Nesthocker, wenn man sich vergegenwärtigt, dass ein größerer Teil der 18- bis 29-Jährigen weiter bei ihren Eltern leben, statt mit einem Partner zusammenzuziehen. Eine weitere Form der „Millennials" das Leben anzulegen, ist die des Hybriderwachsenen oder auch JoJo-Erwachsenen, der sich immer nur periodisch für die eigene Wirtschaftsleistung zuständig fühlt und in härteren Zeiten auf eine Grundversorgung durch die Altvorderen zurückgreift. Erwachsensein auf Probe, mit Rückgabegarantie sozusagen. Im Gegenzug löst die Aussicht, einmal im Job Verantwortung tragen zu müssen, zunehmend weniger Begehrlichkeit aus. 1992 strebten noch 80 Prozent der unter 23-Jährigen einen späteren Job mit größerer Verantwortung an. Zehn Jahre später, also 2002 , waren es nur mehr 60 Prozent.

Das, was das Blut des Millennials wirklich in Wallung zu versetzen vermag, ist hingegen die digitale Selbstdarstellung mittels sozialer Netzwerke und Plattformen, also zum unermüdlichen Chronisten des eigenen Lebens zu werden und hierbei Bestätigung und „likes" im virtuellen Raum einzusammeln. Man kreist als normaler Betriebsmodus beständig um sich selbst. Entsprechend ist es auch gar nicht mehr anders zu erwarten, dass, wie in der letzten Jugendwertestudie zu Tage gefördert, Sekundärtugenden nur mehr utilitaristisch gelebt werden: „Ich bin verbindlich, wenn mir dies nützt. Sonst nicht, denn da wäre ich ja blöde." Das klingt in vielen Ohren heute bereits plausibel und trägt eine kühle, wenn auch äußerst kurzsichtige, ja kindliche Logik in sich.

Irgendwie kann man sich nicht des Eindrucks erwehren, als würde hier der dilettantisch anmutende Versuch unternommen, in einer Art gesellschaftlichem Gauklertheater einen infantilen Traum zu realisieren. Anstrengungslos und ohne mich selbst kritisch reflektieren zu müssen oder gar kontinuierlich an meiner Verbesserung zu arbeiten, soll mir alles, was ich brauche, mirakulös zufliegen, einfach weil es mir um meiner selbst willen zusteht. Psychodynamisch liegt hier die Schlussfolgerung nahe, in dieser sich etablierenden Haltung des narzisstischen Individualismus einen kollektiven Versuch zu sehen, die primär erlittene frühkindliche, kulturbedingte narzisstische Traumatisierung durch eine lebenslange narzisstische Selbstinszenierung zu kompensieren.

Doch äußerlich scheint der Mensch der postmodernen Technologiegesellschaft damit am Zenit seiner Entwicklung angekommen zu sein, scheint den biblischen Auftrag des „Mach dir die Erde Untertan" als fatalen Übersetzungsfehler statt eines „Achte auf die Erde" zu realisieren. Wir haben die alten Götter gestürzt und sind nicht mehr bereit, unseren Kopf mit seinem stolzen, rationalen Verstand vor irgendjemandem zu beugen. Schwitzend ist es uns endlich gelungen, unsere eigene Büste auf den Sockel zu hieven, um nun um uns selbst den Tanz um das Goldene Kalb zu vollführen.

Doch trotz dieser idealen, scheinbar selbstbestimmten Ideologie geht es uns nicht gut. Denn wir stoßen zunehmend an die Systemgrenzen und die Grenzen unseres Menschseins. Die Tatsache, dass immer mehr Menschen in die Sinnentleerung und damit in ein Burnout-Syndrom schlittern, legt ein beredtes Zeugnis davon ab. Wenn ich, als eingefleischter Selbstverliebter, nur tue, was mir gefällt, und mein Gegenüber im Bewusstsein von gefühlter Normalität instrumentalisiere; und wenn dies von meinem Gegenüber ebenso gehandhabt wird, dann haben wir ziemlich vorhersehbar ein Problem. Das geht sich nicht aus oder höchstens einmal. Ich entscheide zwar alles ganz alleine und in Abstimmung mit mir selbst, aber ich stehe dann häufig auch in der Konsequenz ganz alleine da.

Diese kollektive Selbstaufblähung des Egos durch den unbewussten Einflussfaktor, als westliche Konsumgesellschaft im historischen Schachspiel eine ideologische Siegermacht zu sein, verband sich, im Hinblick auf unsere Gesellschaftsentwicklung, nicht wirklich günstig mit einer pädagogischen Strömung, die über die Anhebung des Selbstwertgefühls die Lebenschancen von Kindern zu verbessern trachtet.

Erfolgreiche Menschen verfügen zumeist über einen entsprechend hohen Selbstwert. So die landläufige Beobachtung. Im Umkehrschluss hat sich die Meinung durchgesetzt, dass die Erhöhung des Selbstwerts auch Erfolg nach sich zieht. Nun, auch das scheint noch plausibel, denn der in sich ruhende, sich seiner Kompetenzen und Fähigkeiten bewusste, also dergestaltig selbstbewusste Mensch geht die sich ihm stellenden Herausforderungen mit entsprechendem Selbstvertrauen, positiver Selbstaffirmation und ohne Aufgeregtheit an. Doch der Teufel liegt wie immer im Detail. Scharenweise und durch entsprechende Ratgeberliteratur inspiriert, versuchen Eltern, die „das Beste“ für ihre Kinder anstreben, den für den zukünftigen Erfolg ihrer Kinder so wesentlichen Selbstwert in einer Art Dauertropfinfusion über permanentes und damit auch situationsinadäquates Lob zu verankern.

Tenor dieser Charmeoffensive ist: „Du bist etwas ganz besonderes.“ Doch werden hier Ergebnis und Ursache miteinander verwechselt. Denn Selbstwert ist das Ergebnis einer kontinuierlichen Erfahrung des Sich-Bewährens. Wenn Eltern meinen, den Selbstwert ihrer Kinder damit zu fördern, dass sie jede kleinste Regung des Kindes als Offenbarung feiern, so haben sie damit keine schlaue Abkürzung gefunden und stärken in Wirklichkeit nicht den Selbstwert, sondern fördern Arroganz und Narzissmus. Diese dergestalt im familiären Biotop hochgezüchteten und von Lebenswinden verschonten Prinzen und Prinzessinnen erfahren eine harte Landung, wenn, bedingt durch ihre habituelle Selbstzentriertheit, ein Andocken an die Realität – in der nicht genügend Platz für alle diese „home made celebrities" zu finden ist – nicht gelingt.

Jean Twenge, Professor für Psychologie an der Universität San Diego und Autor des Buches „Generation Me and the Narcissism Epidemic" prophezeit schwere Krisen für die mit „Selbstwert" überfütterte Generation, die ihre Größe und Einzigartigkeit von der Realität nicht bestätigt bekommen wird. Sean Lyons, der Co-Autor von „Managing the New Workforce International Perspectives on the Millennial Generation" ist der Ansicht, dass die gegenwärtige Generation jene sein wird, die die größten Enttäuschungen im Hinblick auf ihre Joberwartungen ertragen wird müssen. Auch auf der Ebene des Beziehungslebens zeichnet sich eine analoge Entwicklung ab. Zwar wünschen sich alle den „idealen Partner" für eine langfristige Verbindung, ohne zu reflektieren, ob sie selbst die angelegten Kriterien erfüllen. Doch die Ernüchterung, dass das genau ausgearbeitete Idealprofil langfristig auf dem Markt nicht zu haben ist, holt die meisten rasch ein. Wut, Enttäuschung, das Gefühl, vom Leben betrogen zu werden, Frustration, Rückzug und letztlich Entfremdung und Vereinsamung mit einer Panzerung von emotionsbereinigter Kälte sind der steinige Weg, den viele gehen müssen.

Entgemeinschaftung und Vergesellschaftung sind die Begriffe, die die Folgen dieser narzisstischen Individualisierung beschreiben. Wir stehen als Stars ohne solide Einbettung in ein stabiles soziales Gefüge da, dafür mit umso mehr virtuellen Facebook-Friends und Twitter-Followers in unserer eigenen Besenkammer und warten auf die allzu selten erfolgende, reale Entdeckung unserer Größe. Diese Entfremdung von der Gemeinschaft macht uns krank. Aristoteles hat bereits vor mehr als 2300 Jahren den Satz vom „zoon politikon" (ζῷον πολιτικόν), vom Menschen als Gemeinschaftswesen ausformuliert. Entfremdung, soziale Isolation macht uns, die wir die Träger eines „social brains" sind und dementsprechend ein Netzwerk von Bindung und Beziehung benötigen, schlichtweg krank, wie zahlreiche Studien bestätigen. Entfremdung treibt uns in die Sinnentleerung. Diese ist letztendlich die Auftaktmelodie des Burnout-Syndroms.

Wenn ich mir die Zukunft als unbeeinträchtigte Fortentwicklung der gesellschaftlichen Gegenwart vorstelle, so denke ich mir, dass wir zu funktionalen Robotern mit extrem niedrigem Energieniveau und reduzierter Emotionalität werden. Dann sind wir endlich total cool. Die Art, in der manche junge Menschen ihre Beziehungen leben, scheint mir ein Vorbote davon zu sein. Sie treffen sich, haben Sex, machen eine Dose netten Abend auf und mehr geht nicht, weil das anstrengend sein könnte oder irgendwann, wenn es nicht mehr so läuft, wehtun könnte. Affektive Gedämpftheit ist das Zauberwort, sich erst gar nicht einlassen, einfach abchecken, ob der andere gerade das im Angebot hat, was der eigenen Bedürfnislage entspricht, dann schlägt man zu. Ein nett verpackter Deal, unverbindlich, sauber, ohne emotionale Komplikation. Das ist die Endausbaustufe der Entmenschung: „Dating ohne progress", wie es eine Patientin Ende zwanzig benannte, die, risikofreudig genug für eine lebendige, konfrontative Beziehung, sich an einem jungen Mann die Zähne ausbiss, der sich zwar als stürmischer sowie auch durchwegs hingebungsvoller und empathischer Liebhaber entpuppte, aber nur in der Form von perlenschnurartig aneinander gereihten Einzelevents. Auch nach mehreren Monaten eines dergestaltigen Kontaktmusters wurde jeder Versuch, Verbindlichkeit, Planung der Zusammenkünfte oder gar Entwicklung von Intimität und eines sich aufeinander Beziehens, seinerseits jeweils mit wochenlangem Abtauchen und dem Hinweis, dass er sich für so viel Nähe und Beziehung noch nicht reif genug fühle, quittiert.

Das einzige Zentrum, um das wir kreisen, sind nolens volens wir selbst. Wir informieren uns, welcher Karottensaft und welches Muskelaufbautraining das beste ist. Wir sind minimal kreativ, und wir sind dabei sehr gut verwaltbar und suggestibel.

Wenn jemand sagt: „Das strengt dich an", dann lassen wir es. Und wenn jemand sagt: „Das brauchst du", dann kaufen wir es. Das Leben ist überblickbar, kontrollierbar, so wie es sein soll.

Aber das Ganze ist vollkommen hohl. Eine lebenslange Beschäftigungspolitik, die uns auf niedrigem emotionalem und energetischem Level durch das Leben schleust, bei der wir unseren Beitrag zur Produktivität und zum Konsum leisten, ohne auffällig zu werden.

Soziale Berufe leisten in dieser Gesellschaftslandschaft eine Pseudosinnerfüllung, und das ist besonders gefährlich. Ihre Proponenten sitzen besonders leicht in der Falle, denn sie sitzen der Lüge vom Helfen auf, um dadurch Anerkennung und Macht zu bekommen. Dann stellen sie fest, dass es nicht funktioniert und, was noch viel schlimmer ist, sie selbst dann nicht glücklich macht, wenn es gelingt. Ihre Probleme werden damit nicht gelöst, da es im Leben letztendlich um etwas ganz anderes als Macht geht. Damit bricht dann der Sinn weg und sie erleben nur mehr die Mühsal der Tätigkeit.

Eine natürliche Reaktion darauf kann Wut sein, ebenso wie das Gefühl, vorgeführt zu werden. Diejenigen von uns, die Burnout bekommen, spüren das.

Die Geschichte von Robert, jenem Spritzgusstechniker, der erst in der Therapie zu verbalisieren vermochte, was ihn krank gemacht hatte und der zum Schluss kam, in einer Scheißgesellschaft zu sitzen, trotz all seiner ehrlichen Bemühung nie mehr als eine Marionette zu sein, zeigt, wie sich im unaufgeregten Alltagsleben die bestehende Systemmechanik zu manifestieren vermag. „Um mich als Mensch geht es in diesem Spiel überhaupt nicht", hatte er resigniert festgestellt und den ihm aus familiärer Sozialisation heraus bekannten Weg einschlagen wollen, seinem Leben den Charakter von Rückzug zu verleihen, um sich in protrahierter Form mit Alkohol zu terminieren.

Denn dies darf als ein hartes, aber beobachtbares Grundgesetz des Biologischen angesehen werden: Wenn das Leben nicht mehr als ein Sinnvolles begriffen werden kann, strebt es seinem eigenen Ende zu. Irgendwann, nach einem „Point of no return", laufen die inneren Antriebssysteme Richtung Selbstzerstörung. Diese Selbstzerstörung kann unterschiedlich produktiv sein, von Vor-den-Zug-springen bis Sich-zu-Tode-saufen.

Robert kommt in Begleitung seiner beiden jüngeren Schwestern zu mir in die Praxis. Das ginge gar nicht anders, zumindest derzeit nicht, meint er. Auch den Termin hatten sie mit mir vereinbaren müssen. Robert ist seit sechs Wochen mit Burnout krankgeschrieben. Er hatte einen Zusammenbruch und hat sich seither in seiner Wohnung eingeschlossen. In seinem „Bau" liegt er nun die meiste Zeit herum und trinkt. Nur um der engen Beziehung zu seinen Schwestern Willen, die mit der Situation vollkommen überfordert sind und ihn bis jetzt versorgt haben, ist er heute hier bei mir in der Praxis.

Robert ist ein großer Mann, breitschultrig, fast ein wenig grobschlächtig wirkend, einer, der anpacken kann und mit den Händen arbeitet. Unter dem Rand seines grauen T-Shirts, das den Aufdruck „Fuck you" trägt und wie ein tagelanger Begleiter aussieht, rankt sich eine beeindruckende Tätowierung. Mit ihm als Begleiter kann man sich in jeder dunklen Seitengasse der Bronx sicher fühlen. Aber er ist auch einer, dem man, zumindest auf den ersten Blick, dort nicht begegnen möchte. Ziemlich viel Mann, denke ich mir, doch wie er sich trägt, lässt nur eine Schlussfolgerung zu: Er hat resigniert.

Seine Situation beschreibt Robert in kurzen, abgehackten Sätzen, die erschöpft klingen, wie ein Soldat, dem es mit letzter Kraft gelungen ist, den Weg von den feindlichen Linien zurück zum Lager zu schaffen. Für ihn ist jetzt einfach alles aus, sagt er. Er will nicht mehr. Auf dieses Leben scheißt er, das macht keinen Sinn. Immer nur die Plackerei, sein ganzes Leben über, und dann noch das. Es langt ihm nun endgültig, er kann nicht mehr, er versteht auch nicht, was das hier noch soll. Er ist nur da wegen seiner kleinen Schwestern, weil sie ihn so bekniet haben. Er hat auch schon gekündigt und jetzt will er nur mehr eines: RUHE! und sich zu Tode saufen. Das Recht müsse man ihm doch einräumen, er habe ja keine Beziehung oder Verpflichtungen. Der einzig positive Punkt in seinem Leben, wie Robert meint.

Die Geschichte dieses, wie sich herausstellt, enorm sensiblen und in der Tiefe seines Herzens humanistischen Werten verpflichteten 38-jährigen Mannes, der in diesem Respekt einflößenden Körper sitzt, beeindruckt mich in ihrer Unauffälligkeit wie fatalen Konsequenz zutiefst.

Als Robert neun Jahre alt ist, kommt er eines Tages nach der Schule nach Hause, und seine Mutter ist verschwunden. Ein für ihn gar nicht seltenes Ereignis, doch diesmal endgültig, denn sie hat sich Geld zu-

sammengespart und ihre in den häufigen Konflikten mit Roberts Vater immer wieder geäußerte Drohung wahr gemacht. Sie hat die Nase endgültig voll und ist nach Australien abgehauen, zu einer etwas älteren Cousine, um ein neues Leben, natürlich ein besseres, zu beginnen. Robert und seine beiden jüngeren Schwestern lässt sie in der miefigen, immer nach Zigarettenrauch stinkenden kleinen Sozialbauwohnung beim Vater zurück. Mehr als der Satz „Die Mutter kommt nicht mehr" wird den Kindern für die Bewältigung der Situation vom Vater nicht geboten. Alles muss weitergehen, irgendwie eben. Eine Nachbarin bekommt etwas Geld, damit abends, wenn der Vater kommt, Essen auf dem Tisch steht und so etwas wie ein Familienleben simuliert wird. Doch der Vater schweigt und brütet dumpf vor sich hin, bevor er sich Abend für Abend zur Zweisamkeit mit der Flasche zurückzieht. Der Rest des Haushalts wird verleugnet oder die Kinder müssen es selber besorgen. Robert, als Ältester, springt ein, wo immer er kann und wird die erste und damit gleichzeitig einzige Bezugsperson für seine kleinen Schwestern.

Das Leben meint es nicht unbedingt gut mit der Familie. Der Vater verliert im Zusammenhang mit seiner zunehmend manifest werdenden Alkoholerkrankung ein paar Jahre später seinen Job und erleidet, gerade als Robert die Hauptschule abschließt, einen Schlaganfall. Das Restergebnis: eine Halbseitenlähmung und permanentes Hadern mit dem Leben, das wieder in der Trostsuche an der Flasche endet. Ein familiärer Pflegefall für Robert und seine Schwestern. Obwohl Robert in der Hauptschule durch hervorragende Leistung aufgefallen ist, ist durch die spezielle familiäre Situation und seine damit verbundenen Verantwortlichkeiten eine weiterführende technische Schule, die seiner äußerst praktischen Veranlagung und seiner Faszination für Maschinen entsprechen würde, außer Reichweite. Er kommt gar nicht dazu, dorthin zu denken, zu sehr ist sein Kopf von der Bewältigung der täglichen Anforderungen und davon, die Schwestern zu führen und für sie da zu sein, gefüllt. Also macht er eine Lehre und landet schließlich in jenem

Betrieb, in dem er jetzt gekündigt hat. Seine Zuverlässigkeit und Fähigkeit, sich gut in Menschen hineinversetzen zu können, sowie seine Bereitschaft, wenn es eng wird, einzuspringen und die Freude, mit der er augenscheinlich bei der Arbeit ist, machen ihn zu einem begehrten Arbeiter. Rasch wird für seinen Chef klar, dass Robert ein Glücksgriff ist und neben hoher sozialer Kompetenz auch fachliches Interesse und Fortbildungsbereitschaft aufweist.

Die bisher beste Zeit in Roberts Leben beginnt. Er erlebt Respekt unter den Kollegen, bekommt erstmals in seinem Leben wirkliche Anerkennung für seinen Einsatz und als sichtbaren Beleg Gehaltsprämien. Ja, er macht in gewisser Weise sogar Karriere, als er Gruppenleiter wird und wenig später Betriebsrat, eine Funktion in der er, entsprechend seiner stark prosozialen Haltung und aus der Familiensituation heraus gewohnt, „Beschützer" zu sein, aufgeht. Erstmals fühlt er sich auf der Sonnenseite des Lebens angekommen. Auch seine Schwestern haben bereits jeweils eine Lehrabschlussprüfung geschafft und sind nun auf selbständigem Kurs. Robert fühlt sich erleichtert und kann sich seinen eigenen Träumen widmen. Eine eigene Wohnung, die nicht in einem Sozialbauviertel liegt, auf ein eigenes Auto sparen und eine stabile Beziehung zu einer Frau, das sind seine Träume. Die geeignete Wohnung lässt nicht lange auf sich warten, das Auto kostet allerdings Jahre der Selbstbeschränkung, bis Robert, der weder bereit ist im Punkt der Marke nachzugeben noch in der Voraussetzung, es ohne Kredit zu finanzieren, den Betrag beisammen hat.

Nur beim Thema geeignete Partnerin wird er nicht fündig. Frauen fühlen sich zwar zu Robert hingezogen, doch für langfristige Beziehungen sind es nach seinem Dafürhalten die falschen. Jene, die er aufregend findet, erleben ihn als erdrückend oder auch bevormundend in seinen Bemühungen, seine Gefühle zum Ausdruck zu bringen. Und um jene, die in ihm den Traumprinzen erkennen, macht er vorsorglich einen Bogen, da er sie in erster Linie als sehr bedürftig erlebt. Also begnügt er sich mit pragmatischen Arrangements und konzentriert seine Energie auf seinen Beruf und die Tätigkeit als Betriebsrat.

Etwa ein knappes Jahr vor Roberts Vorstellung bei mir in der Praxis und damit vor seinem Zusammenbruch, beginnt eine Serie von vergleichsweise sehr belastenden Ereignissen Roberts gefügte Welt zu durchkreuzen. Diese Erlebnisse werden zum einschneidenden Wendepunkt in Roberts Wertewelt und zeichnen verantwortlich für den Verlust seines Gefühls, in der Welt ehrlich aufgehoben zu sein.

Es war einer jener Abende, als Robert, gerade ohne Zugang zu einem geregelten sexuellen Korrektiv, wieder einmal beschlossen hatte, nach einer arbeitsreichen Woche in einen Klub zu gehen. Entgegen seiner Erwartungen ergibt sich am Bartresen über einen Cocktail hinweg, den er gerne einer attraktiven Frau spendieren möchte, jedoch keine angeregte Unterhaltung, sondern er wird Zeuge eines Streits zwischen Jugendlichen in seiner unmittelbaren Nähe. Im Unterschied zu den anderen Gästen ist es ihm nicht möglich, sich einfach wegzudrehen, gerade weil ein deutliches Ungleichgewicht zwischen den Parteien herrscht und dies sein Gerechtigkeitsempfinden mobilisiert. Er versucht zuerst verbal beschwichtigend auf die agitierte Gruppe von vier bis fünf deutlich alkoholisierten Jugendlichen einzuwirken, um von ihrem Opfer abzulassen. Doch den Streitbereiten ist jedes Wort willkommener Anlass zur Entladung und so heizt sich die Stimmung noch weiter auf, sodass sich nun bereits die Atmosphäre des Lokals spürbar verändert. Die herbeigeeilten Securitys schätzen die Lage falsch ein und verweisen ihrerseits alle Jugendlichen sowie auch Robert unsanft des Lokals. Was dann folgt, verändert viel für Robert, denn die Gruppe der jungen Männer, die ihm gänzlich unbekannt ist und auf die er nur mit wenigen beschwichtigenden Sätzen einwirken hatte wollen, fällt auf der Straße gemeinsam mit unerwarteter Brutalität über ihn her. Robert hat trotz seiner grundsätzlichen körperlichen Fitness wenig Chance. „Am schlimmsten war“, sagt er, und die Fassungslosigkeit steht ihm auch heute noch ins Gesicht ge-

schrieben „dass sie vollkommen unfair waren. Die wollten nicht mit mir kämpfen, sondern die wollten einfach hinschlagen, hintreten." Sie treten auch noch auf Robert ein, als dieser schon längst wehrlos am Boden liegt. Und niemand greift hier ein, auch nicht die Security des Lokals.

In der Bilanz trägt Robert einen komplizierten Knöchelbruch davon, sowie multiple Prellungen und eine Rissquetschwunde am Kopf. Robert liegt im Spital, der Vorfall wird polizeibehördlich aufgenommen. Robert erwartet täglich eine Entschuldigung durch die Jugendlichen, sobald sie zur Vernunft gekommen sein werden. Doch diese bleibt aus. Es kommt zu einer ersten Einvernahme. Robert findet sich mit der Frage konfrontiert, warum er als erwachsener Mann es nötig hatte, Streit mit den Jugendlichen zu suchen und sie zu provozieren. Die Aussagen der Jugendlichen hatten in wechselseitiger Übereinstimmung nahegelegt, dass er sich unabweisbar, wahrscheinlich weil er alkoholisiert gewesen war, in ihr scherzhaftes Gespräch eingemischt und es auf grobe Provokation angelegt habe. Draußen vor dem Lokal habe er sie dann auch körperlich zu attackieren begonnen und auf sie eingeschlagen, worauf sie sich hatten wehren müssen, da Robert ja von beachtlicher Statur sei. Den Knöchelbruch habe er sich selber zugezogen, weil er über eine Bodenunebenheit gestolpert wäre, die er durch seine Alkoholisierung, die wahrscheinlich auch der Grund für sein aggressives Verhalten gewesen sei, übersehen habe. Für ihr Verschwinden von der Szene, das dazu führte, dass sie erst mehrere Tage später ausgeforscht werden konnten, machten sie ihre eigene Panik und ihre Überforderung mit der Situation verantwortlich.

Roberts Blutalkoholspiegel wurde selbstverständlich nach seiner Spitalsaufnahme gemessen und liegt in einer entsprechenden Höhe nach zwei Cocktails vor. Von den Jugendlichen gibt es natürlich keine Werte. Zeugen, die irgendeinen relevanten Sachverhalt schildern könnten, lassen sich nicht finden. Nur zwei Mädchen, die mit der Gruppe der Jugendlichen eigentlich gemeinsam im Club waren und sie in friedlicher

Feierstimmung beschreiben. Sonst waren alle da und haben nichts gesehen. Was Robert und die jugendlichen Rowdies, außer mehr als zwei Lebensjahrzehnte sonst noch trennt, ist, wie Robert nüchtern feststellt: Geld. Sie kommen allesamt aus sogenannten besseren Familien, sind Kinder aus guten Privatschulen, Jugendliche mit Karrierezukunft und dem besten Anwalt, der anmaßendes, übergriffiges Verhalten durch einen augenscheinlich autoritären Erwachsenen nicht zu dulden bereit ist, wie er in einer ersten Verhandlung bereits deutlich macht.

Robert fühlt sich ohnmächtig, wütend und tief frustriert, sich plötzlich in die Position des Aggressors gedrängt wiederzufinden, doch Versöhnung mit dem Leben ist nicht in Sicht. Sein ganzer Stolz, sein mühsam ersparter Wagen, ein 3er-BMW-Modell mit verschiedenen Gimmicks wird in seiner Wohnstraße, praktisch vor seiner Nase gestohlen. Robert ist außer sich und fühlt sich von der Gleichmütigkeit und dem Pessimismus der den Diebstahl aufnehmenden Beamten im Stich gelassen. „Es hatte den Anschein, als hätten sie sich total damit abgefunden. Ich habe fast das Gefühl bekommen, als wollten sie mir vermitteln, dass das einfach ein normales Risiko ist, wenn mein Wagen auf der Straße und nicht auf einer gesicherten Abstellfläche steht. 3er-BMW, gängiges Modell, den können sie vergessen, der ist längst über der Grenze bei seinem neuen Besitzer, hat einer mit Achselzucken gesagt", berichtet er mir. Es ist noch immer zu spüren, wie ihn die Resignation des Beamten, dessen Kapitulation aufregt. „Wo sind wir eigentlich hingekommen?", formuliert Robert jene Frage, die sich damals bereits in seinem Hirn gebildet hat, nun auch in unserer ersten Sitzung. Darauf habe ich natürlich keine gut vorbereitete Antwort, spüre selber nur einen dumpfen Knoten von Unbehagen im Bauch. Nach einer kurzen Pause fährt er dann fort: „Aber es war immer noch nicht genug. Wamm, wamm, wie beim Boxen, wenn du den Gegner in der Ecke hast und ihn jetzt endgültig zu Boden bringen kannst, ist die ganze Scheiße weitergegangen." Er unterstreicht das Gesagte mit einigen Boxhieben gegen einen imaginären Gegner. Wut und Verzweiflung sowie Verständnislosigkeit, weshalb ihm das alles passiert, sind deutlich vom ganzen Mann, der mir hier gegenübersitzt, abzulesen. Seine krankenstandsbedingte Abwesenheit im Betrieb ist von einem Kollegen ausgenutzt worden. Robert hatte ihn, den etwas Jüngeren, der aus schwierigen sozialen Verhältnissen stammt, während der letzten Jahre unter seine Fittiche genommen und als Gruppenleiter auch ein wenig in der Dienstplanregelung oder Zuschanzung von Überstunden protegiert. Zur Heirat des Kollegen hatte er einen für die Hochzeitsreise nötigen Gehaltsvorschuss beim Chef durchgedrückt, bei der jetzt rund zwei Jahre zurückliegenden Geburt des Sohnes einen längeren Urlaub. Best Buddys. Und doch bereitete sich, für Robert unsichtbar, in seinem ungeschützten Rücken auch hier ein dramatischer Verrat vor, der dann der letzte Tropfen sein sollte und dem bereits randvollen Fass vor etwas mehr als sechs Wochen endgültig den Boden ausschlug.

Doch davor sollte noch ein weiterer Mosaikstein das zunehmend hässliche gesellschaftliche Lebensbild, das sich vor Robert immer mehr zu enthüllen begann, weiter komplettieren. Etwa vor einem Vierteljahr kam Robert spätabends nach dem Ende der Spätschicht heim, um schon beim Aufschließen seiner Wohnungstür Böses zu ahnen. Der Anblick, der sich ihm daraufhin bot, raubte ihm den Atem. In seiner Wohnung sah es aus, als wären Vandalen in berittener Form durchgezogen. Kein Stück schien auf seinem Platz geblieben zu sein. Die verständigten Sicherheitskräfte bestätigten das klassische Vorgehen bei derartigen Wohnungseinbrüchen. Ein brutales Durchscannen aller Schränke, Regale und Laden, bei dem alles, was sich nicht als wertvoll und für den Abtransport geeignet erwies, mit großer Rücksichtslosigkeit behandelt wurde. In Roberts Fall fand sich alles, was Diebsbeute hätte werden sollen, mitten in seinem Wohnzimmer zum Abtransport aufgestapelt. Seine Stereoanlage, Computer, seine Münzsammlung, das TV-Gerät. Doch die Diebe waren gestört worden. Irgendetwas hatte ihnen den Eindruck vermittelt, dass es klüger wäre, rasch das Weite zu suchen. So hatten sie die größeren Stücke zurückgelassen und lediglich Ipad und Laptop fehlten. Doch aus Ärger oder simpler Zerstörungswut hatten sie Mehl, Öl, Sirup, zwei Flaschen Cola und andere Lebensmittel über allem, sogar über Roberts Bettwäsche ausgegossen.

Robert fühlt sich völlig verstört. Dass sich jemand ungehindert zu seiner Intimsphäre Zutritt verschaffen und dann Freude an einer derartigen, primitiven Zerstörungswut entwickeln kann, verunsichert ihn zutiefst. Das Aufräumen der Wohnung gelingt zwar mit der Hilfe seiner Schwestern in wenigen Tagen, doch in seinem Inneren fühlt er sich nachhaltig „aufgerissen" und „seltsam bloß". Robert leidet an Schlafstörungen, was niemand von seinen Bekannten nach diesem Erlebnis verwundert, aber mehr und mehr an seine Substanz geht. Oft, besonders abends, meint er Geräusche in der Wohnung zu vernehmen und hat das Bedürfnis, das Sicherheitsschloss mehrfach zu überprüfen. Nachts wacht er mit Schweißausbrüchen und Attacken von Herzklopfen auf. Mehrmals empfindet er auf dem Weg zu seiner Arbeit im Bus ein so intensives Gefühl von plötzlicher Angst und Atemnot, dass er aussteigen muss. Und auch im Betrieb wird er zunehmend als mürrisch, zurückgezogen und wenig entgegenkommend wahrgenommen, obwohl das gar nicht seiner Art entspricht.

Dann hebt sich der Vorhang zum letzten Akt. Im Unternehmen, dem letzten „Zufluchtsort mit ehrlichen Spielregeln", von dem Robert annimmt, dass dort die Wertewelt stimmt, steht die Nachbesetzung der Abteilungsleitung an. Es ist seit langem ein offenes Geheimnis, dass Robert seinem Chef nachfolgen soll. Doch jener Protegé Roberts, der ihm eigentlich zu Dank verpflichtet wäre, hat ganze Arbeit geleistet. Die Firmenleitung entscheidet sich dafür, den jüngeren Kollegen, der auch wesentlich belastbarer ist und damit für die Führungsaufgabe geeigneter erscheint, seitdem Robert sich verändert hat, mit der Aufgabe zu betrauen.

Der letzte Schlag, den es braucht, um Roberts Welt endgültig zum Zusammenbruch zu bringen.

„Um mich als Mensch ist es NIE gegangen", resümiert er bitter. „Ich war immer nur als eine Funktion wichtig, die ich zu erfüllen hatte, eine Rolle, die ich zu spielen hatte. Das ist eine kalte Welt. Und jetzt reicht mir der ganze verlogene Scheiß. Was ist das für eine Gesellschaft, in der wir hier leben? Wenn du als Erwachsener Streit zwischen Jugendlichen schlichten willst, wirst du zusammengeschlagen, ohne dass jemand eingreift und endest dann noch auf der Anklagebank. Wenn dir dein Auto vor der Tür gestohlen wird, ist das normal und du bist selber schuld, wenn du es nicht im Safe parkst. Wenn bei dir eingebrochen wird, was schon schlimm genug ist, wirst du nicht nur bestohlen, sondern es wird auch noch alles willkürlich zerstört. Und wenn du dich auf Leute verlässt und ihnen hilfst, dann zählt das nichts, einfach gar nichts, in dem Moment, wo es um Geld und Position geht. Und das sehen noch dazu alle als normal an."

Das falsche Konzept der Menschwerdung als wahrer Hintergrund: Menschwerdung über Angst, Kontrolle und Machtgier

Wie wir uns die ganze Kacke als Gesellschaft eingebrockt haben und mit welchen Mitteln wir sie „am Dampfen halten", das haben wir nun also hinreichend und hoffentlich schlüssig beleuchtet. Das ökonomische Prinzip in Form eines zunehmend auf die Spitze getriebenen materialistischen Reduktionismus ist der Antreiber. Es sucht und findet immer neue, skurrilere Spielfelder und überformt dabei unser Menschsein, ja eigentlich ist man geneigt zu sagen, dass es dieses Menschsein sogar schon gestaltet und festlegt.

Aber können wir an diesem Punkt der Analyse, wenn wir uns intellektueller Redlichkeit verschreiben wollen, wirklich rechtschaffen stehen bleiben und uns vielleicht zur Abrundung noch ein wenig mit den Konsequenzen des sich aus dieser Haltung ergebenden Menschenbilds im Sinne einer feuilletonistischen Gesellschaftsdiagnostik verbreitern? Dabei könnten wir dann noch feststellen, dass Ängstlichkeit, Wehleidigkeit und Entscheidungsschwäche Eigenschaften sind, die der Mensch der postmodernen Technologiegesellschaft in beeindruckendem Ausmaß immer mehr zu entwickeln vermag. Wir könnten noch, sozusagen mit Blick in die Zukunft, anmerken, dass er auch sein Bestes dafür gibt, seine Kinder dank eines Erziehungsstils der „Watteverpackung" in dieser Charakterrichtung anzulegen. Aber ist das wirklich alles?

Grundsätzlich hätten wir hier an diesem Punkt nach üblichem Dafürhalten den schlammigen Bodensatz schon gründlich durchwühlt. Alles was noch weiter unten liegt, alles woran nämlich die Infamie weiterer Hinterfragung zu kratzen versucht, wird üblicherweise bereits der Natur des Menschen zugeordnet und damit in einem archaischen sozialen Urmeer, das von Anlage und Trieb sowie einem ultimativ postulierten Überlebenswunsch bestimmt wird, geparkt. Dort wird es für gewöhnlich richtig dogmatisch. Wer hier noch weitergraben will, erfährt den bereits recht unwirsch belehrenden Ton des enervierten Lehrers mit seinem zurückgebliebenen Schüler. Sogar der Schlichteste sollte verstehen, dass somit der Punkt der Unverhandelbarkeit erreicht ist. Natur ist Natur. Basta.

Also rekapitulieren wir: Der Mensch ist eben so, jeder Mensch strebt nach materiellen Gütern, denn die repräsentieren im übertragenen Sinn Macht und Kompetenz, machen glücklich und verschaffen Ansehen und sind auf einer tiefen archaischen Ebene damit Sinnbild für Sicherheit und Überleben. Das will doch jeder im tiefsten Inneren. Das ist schon immer so, weil an die Natur des Menschen geknüpft, so das Postulat. Auch eigentlich klar, dass, findet man sich dieser Denkschule verpflichtet, mehr Besitz auch mehr Macht und Ansehen bedeutet, was sich ja eigentlich auch anhand der gängigen Alltagsrealität als leicht überprüfbar erweist. Also entspricht das Ökonomie-Prinzip einfach dem Menschen, seiner ihm immanenten, quasi eingebauten Natur. Das kapitalistische Wirtschaftssystem mit seiner ihm innewohnenden Dynamik und einer Systemmechanik des „immer mehr" entspricht einem allem zugrunde liegenden evolutionären Prinzip des guten alten „survival of the fittest". Dass sich dabei eine selbstverliebte Steigerungsgesellschaft entwickelt, muss man dem prinzipiell fulminanten Erfolg des Konzepts schon zubilligen. Dass dabei „schwache Einzelindividuen" mit Burnout aussteigen, ist als Kollateralschaden eines sozialevolutionären Wegs zwar für den Einzelnen zu bedauern, aber in evolutionären Dimensionen denkend eben unvermeidbar. Wie gesagt, Vulgärdarwinisten reiben sich rechtschaffen die Hände, auch wenn es immer mehr werden, die hier nicht mehr mitkönnen, und haben nur ein Schulterzucken übrig: „Pech gehabt!" Es geht eben um Sicherheit. Die Sicherheit, bei denen zu sein, die überleben.

Machtgier als universaler Antreiber unserer Menschlichkeit, auf einer Trieb- und Instinktebene abgesichert, erweist sich ganz nebenbei auch als phantastische, „natürliche" Rechtfertigung eines beinharten Raubtierkapitalismus, der unser Wirtschaftssystem bestimmt. Mit Bedauern und verschämtem Lächeln, wie das Kind, das beim Griff in die Keksdose erwischt wird und zugeben muss, dass seine gierige Natur wieder einmal über eine sich abmühende Erziehungskultur gesiegt hat, müssen wir eben die „Bestie Mensch" in uns zugeben. Dafür gibt es zahlreiche schlagende Beweise. Als Normalmensch braucht man nur das TV-Gerät einzuschalten, um sich hierin bestätigt zu finden. Aber auch die Wissenschaft weiß vieles beizusteuern, um dieses aggressive, egoistische Streben als vielleicht moralisch bedauerlich, aber dafür „natürlich" für unsere Spezies zu reklamieren. Konrad Lorenz, Kind seiner Zeit und im nationalsozialistischen Regime zu akademischen Würden avanciert, schrieb das Werk „Das sogenannte Böse". Und Übervater Freud, unbestrittener Kenner menschlicher Untiefen, postulierte den Aggressionstrieb, wobei er sich damals wahrscheinlich von einem Kriterium der Häufigkeit leiten ließ, als er angesichts des Ersten Weltkriegs in seinem triebtheoretischen Ansatz die Aggression und ihren angeborenen Entladungswunsch beschrieb. Von naturwissenschaftlicher Seite und damit mit dem Nimbus von harter Faktenlage ausgestattet, haben sich dann noch die Biologen Edward O. Wilson und Richard Dawkins recht erfolgreich in den Dialog eingeschaltet und die soziobiologische Theorie vom angeblich „egoistischen Gen“ beigesteuert. Bis tief hinein in unsere Biologie, bis in die letzte DNS-Helix unseres Seins, wäre der Organismus also auf Weitergabe seiner Gene und daher auf Überleben, aggressive Durchsetzung und Verdrängung programmiert.

Halten Sie doch mal einen Moment inne und prüfen Sie an dieser Stelle, ob diese Überzeugung nicht auch Ihrer eigenen entspricht, denn letztendlich spiegelt sie den derzeit noch immer gültigen Stand wider, auch wenn er, wie wir sehen werden, grundlegend falsch und damit intellektuell unredlich ist. Aber letzte Zweifler am bestehenden System sollen der Wissenschaftsmode entsprechend unter Zuhilfenahme der Paläoanthropologie überzeugt werden, die unsere Vorfahren in grauer Urzeit als durch die Savanne streifende Jäger präsentiert. So sehr dies wiederum das Erfolgskonzept von aggressivem Machtstreben zu unterfüttern scheint und unserem kollektiven Selbstbild „Herrenwesen“ schmeichelt, dem es scheinbar gelungen ist, sich den Planeten Untertan zu machen, so falsch ist dieses Bild dennoch. Der Mensch war den überwiegenden Teil seiner Entwicklungsgeschichte nicht Jäger sondern Gejagter, nicht Dominator seiner Umwelt, sondern Beute. Er war die längste Zeit über auf pflanzliche Ernährung sowie, was die Beschaffung von tierischem Eiweiß betrifft, auf das, was wirkliche Jäger an Resten von Beutetieren übrig ließen, angewiesen, also eher mit einer Art Aasgeier zu vergleichen. Wenig schmeichelhaft, aber dafür wahr. Doch das bestehende System, in all seinen aggressiven, zerstörerischen Facetten, lässt sich mit dieser falschen Ideologie vom Menschen als Jäger hartnäckig aufrecht erhalten.

Als Folge daraus lässt sich für alle Anhänger der „Bestie Mensch“-Haltung zum Beispiel die Verteilungsungerechtigkeit unter tiefem, mitfühlendem Seufzen für die vom Mangel

Betroffenen als unvermeidbar einstufen. Hierin wurzelt letztendlich die Begründung dafür, dass ein paar Prozent der Weltbevölkerung immer reicher werden, während der untere soziale Rand derer, die ums nackte Überleben kämpfen, immer breiter ausfranst.

Äußerst kurzsichtig, denn die Konsequenzen von krasser Ungleichheit treffen letztendlich alle, führen zu einer Zerrüttung eines Landes. Der genauso brillante wie bescheiden auftretende Richard Wilkinson, Professor emeritus der University of Nottingham Medical School, den kennenzulernen ich anlässlich einer Arbeitsgruppe im EU-Parlament das Vergnügen hatte, hat gemeinsam mit der Professorin für Epidemiologie an der University New York ein bemerkenswertes Werk zum Thema Verteilungsgerechtigkeit verfasst. Erstaunlich, vor allem für jene, die einer ewigen einseitigen Steigerungsideologie als seligmachend anhängen. Hier wird der schlagende Beweis erbracht, dass es nur einen einzigen Faktor gibt, der über Glück und Gesundheit einer Gesellschaft entscheidet: Das Maß an Verteilungsgerechtigkeit innerhalb der Gesellschaft. Und Wilkinson hat für seine Publikation nicht eben gerade nur in ein paar Statistiken geblickt, sondern immerhin dreißig Jahre systematische Forschung investiert. Es sind somit nicht „die reichsten" Gesellschaften, die gleichzeitig in einem umfassenden Sinn des Begriffs die gesündesten sind, sondern jene, in denen alle in ähnlichem Ausmaß zum Zug kommen.

Auch Kultur, Klima, Ernährungsgewohnheiten, Reichtum oder Mangel an Bodenschätzen oder die Regierungsform sind unglaublicherweise völlig nachgereihte Aspekte. Mehr oder weniger alle Probleme unserer modernen Gesellschaft, sei es schlechter Gesundheitszustand, die Rate an Gewaltdelikten, die Zahl von Teenager-Schwangerschaften oder auch die Inzidenz von psychischen Erkrankungen lassen sich auf den Grad von Ungleichheit, der in einer Gesellschaft herrscht, zurückführen. Hier findet sich die Erklärung dafür, dass die USA, von vielen als die reichste Nation der Erde angesprochen und gleichzeitig ein Protagonist eines systemischen Raubtierkapitalismus, eine kürzere Lebenserwartung, höhere Raten an psychischen Erkrankungsfällen und Suchterkrankungen, weitaus mehr Fettleibigkeit und eine weitaus größere Zahl an Gefängnisinsassen pro Kopf gerechnet aufweist, als irgend eine andere moderne Nation.

Die bestehenden Systemregeln weiterhin als „evolutionäre Strategie" verteidigen zu wollen, wird, wenn man bereit ist, sich differenziert mit Ergebnistatbeständen auseinanderzusetzen, also bereits an dieser Stelle ein Balancieren auf dünnem Eis.

Gleichzeitig schafft das bestehende Systemmodell zunehmend weiter mehr Ungleichgewicht und gerade jene Bedrohung, vor der es schützen möchte. Der Konfliktforscher Klaus Jürgen Gantzel, der über die Kriege nach dem Zweiten Weltkrieg, deren Tendenzen, ihre ursächlichen Hintergründe und Perspektiven schreibt, kommt in einer bemerkenswerten, ja erschütternden Publikation zum nüchternen Schluss, dass seit Dezember 1944, als der Erste Griechische Bürgerkrieg ausbrach, bis Ende 1992 insgesamt 184 Kriege zu verzeichnen sind. Diese wurden von der von ihm 1978 gegründeten AKUF (Arbeitsgemeinschaft Kriegsursachenforschung an der Universität Hamburg) erfasst und analysiert.

Es ergibt sich, dass im Durchschnitt in jedem Jahr dieses Zeitraums fast vier neue Kriege begonnen wurden. In der näheren Betrachtung offenbart sich ein erschreckendes Bild. Entgegen aller Friedenshoffnungen nach dem Zweiten Weltkrieg hat die Häufigkeit der in jedem Jahr geführten, d. h. immer aktiv stattfindenden Kriege fast kontinuierlich zugenommen. Durchschnittlich wurde in jedem Jahr fast ein Krieg mehr als im Vorjahr geführt, und die neu begonnenen Kriege dauerten immer länger. Keiner von uns kann also behaupten, es würde sich hier nur durch bessere Medienberichterstattung und Internet um eine subjektiv erlebte Überschwemmung mit Krisenherden bei gleichbleibender Realsituation handeln. In einem Erklärungsansatz, der sinnvollerweise die weltgesellschaftlichen Hintergründe zu berücksichtigen sucht, ist als Ausgangspunkt einer forschungsleitenden Hypothese letztendlich festzustellen, dass die Charakteristika des Kriegsgeschehens seit 1945 als Ausdruck einer weltweiten Vergesellschaftungsdynamik unter kapitalistischem Vorzeichen zu sehen sind.

Was sich in dem bisher skizzierten Konzept von Menschwerdung folgerichtig als schlüssig und unwiderlegbar eröffnet, ist die Tatsache, dass die „Bestie Mensch" in Schach gehalten werden muss. Wir müssen mit diesen Grundüberzeugungen von uns selbst, diesen Glaubenssätzen zu unserer sogenannten Natur mit ihren aggressiven Trieben und Instinkten wirklich verdammt viel Angst vor uns selbst haben. Kontrolle ist also das Gebot der Stunde. Tatsächlich zeigt unsere moderne Gesellschaft ja einen hohen Antrieb, sich über Kontrolle und Reglementierung sowie Rückzug in ein vom Einzelnen kontrolliertes persönliches Territorium ein Sicherheitsgefühl zu vermitteln.

Ein großer Teil moderner Technologieforschung trägt diesen Aspekt von zusätzlichem Kontrollgewinn als Sinngebung in sich. Alle Prozesse des Lebens und natürlich des Zusammenlebens sollen „verglast" werden, alles, der gesamte Weg also, vom Moment, in dem das Hühnerei die Legeröhre der Henne mit einem kleinen Plumps ins vollkartographierte Nest des elektronisch überwachten Hühnerstalls verlässt, bis zu dem Zeitpunkt, da es in Form von Eipulver im Gugelhupf einer bestimmten Marke wieder auftaucht, muss lückenlos nachvollziehbar und kontrollierbar sein. Dann wird alles gut. Dann strahlen wir, das macht Sinn, denn es schafft Transparenz, Kontrolle und somit Sicherheit. Das fühlt sich viel besser an und braucht vor allem weniger Mut, als einfach zu vertrauen. Wenn jemand vor dreißig Jahren eine penible Liste seiner Telefongespräche mit Anrufzeit, Dauer des Gesprächs und der Telefonnummer des anderen Gesprächspartners geführt hätte, noch dazu getrennt nach eingehenden und abgehenden Gesprächen, so hätte man ihn verdächtigt, eine psychopathische Persönlichkeit oder zumindest zwangsneurotisch zu sein. Heute tun dies Telefongesellschaften routinemäßig und alle finden diese Gesprächsnachweisauszüge aus unterschiedlichen Begründungen, die allesamt mit Kontrolle zu tun haben, sinnvoll.

Selten und wenn, dann spätabends auf Reisen, schalte ich ein TV-Gerät ein. Auf diese Weise blieb ich unlängst auch an einer sehr aufschlussreichen deutschen Talkshow hängen.

Ein junger Mann, mitten in seinen Zwanzigern, und somit ein echter „Digital Native“ ist ins Gespräch mit dem Moderator vertieft. Eine Einblendung am Bildunterrand weist ihn als Trendscout und Blogger aus. Das lässt für mich nicht gerade ein klares Bild zu seinem Berufsalltag entstehen. Ich bin also auf meine Beobachtung und den Verlauf des Gesprächs angewiesen, will ich wissen, was der so wirklich tut und dazu denkt. Ein sympathischer Mensch, er steckt in einem etwas zerknittert wirkenden dunklen Anzug, entweder also billi-

ge Stangenware oder besonders teuer, um so zu auszusehen. Er wirkt in seiner Gesamtheit von der direkten, realen Kommunikationssituation etwas überfordert. Im digitalen Bloggeruniversum wird er sich allerdings, so hoffe ich für ihn, wenn ich ihn so schwitzen sehe, wie der Fisch im Wasser fühlen. Also jedem sein natürliches Habitat, denke ich. Gegenstand der Diskussion ist eine rosa Zahnbürste, deren Existenz von jenem Florian als unverzichtbar angesehen wird. Das Ding kann einiges, obwohl es so unscheinbar und harmlos wie jede „gemeine" Zahnbürste wirkt und sich nur durch eine kleine, ovale, verspiegelt wirkende Fläche von handelsüblichen Modellen unterscheidet. Sie kontrolliert jeden Bürstenstrich, und nicht genug damit, dass sie dem Besitzer Anweisungen zum korrekten Zähneputzen gibt, ist sie auch in der Lage, als eine Art „Fahrtenschreiber des Zähneputzens" zu fungieren. Verantwortungsbewusste Eltern werden also in Zukunft ihrem Kind besagte Zahnbürste in die Hand drücken, nicht ohne dabei darauf hinzuweisen, dass die Daten dann dem Zahnarzt zugespielt werden können. So ein kleines Ding trägt somit ein beträchtliches, kulturbildendes Potential in sich. Nicht nur, dass es endlich gelingt, den elenden täglichen Zahnputzstreit im Badezimmer auf einen unbeugsamen elektronischen Gegner auszulagern, es ist gleichzeitig wieder ein kleiner persönlicher und damit auch selbst zu verantwortender Mosaikstein der Kindererziehung in die Anonymität einer technischen Optimallösung delegierbar. Beziehung als Basis von Sozialisierungsarbeit, nämlich von Erziehung, wird in diesem Konzept verzichtbar. Sie ist auch eine unsichere, von Tagesverfassung und vielen anderen unberechenbaren Faktoren beeinflusste, lebendige Größe in einem Prozess und daher viel besser durch Kontrolle und unverhandelbares Protokoll zu ersetzen. Gut, wir sind also alle von der neuen Zahnbürste begeistert und waren somit die letzte Elterngeneration, die ihre Sprösslinge mit jeder Menge Tricks und gemeinsamem Zähneputzen in die Wichtigkeit dieser Kulturtechnik eingeführt hat.

Aber der junge Mann hat noch viel mehr auf dem Kasten. Er testet „Apps“, jene magischen elektronischen Dienste, die allesamt immer „irgendetwas können, das man erst begründet durch ihre Existenz als völlig unverzichtbar im eigenen Leben erkennen muss“, will man als ernstzunehmender Realmensch gelten. Sie verschaffen in einem Detailbereich Transparenz und somit Kontrolle, geben, darum ihr so hochgeachteter Ruf, je nach persönlicher Wahl und Blickpunkt als lebenswichtig empfundene Information, Überblick, können Daten erfassen, zusammenführen, analysieren und nach Systemregeln (welchen, frage ich mich) interpretieren, sodass der Benutzer neue für ihn wesentliche Erkenntnisse gewinnt. Die Dinger stehen also für Kontrolle und Macht und sind deswegen ja auch so beliebt. Das was dann kommt, übersteigt allerdings meinen digitalen Milchmädchenverstand.

Neben all den bekannten Diensten der Fahrplan- und Orientierungssuche und der App, die mir sagt, wann ich Wasser zu trinken habe, gibt es die Schlaf-App, die alle meine Bewegungen während der Nacht als buntes Kunstwerk aufzeichnet und ein Schlafprofil erstellt, das mir selbstredend auch erklärt, ob ich ausgeschlafen bin oder nicht. Aber auch andere Apps, die vordergründig der Richtung „vital und gesund“ entsprechen und auch noch auf den ersten Blick recht praktisch sind, gibt es. Sie sagen mir, wann die nächste Untersuchung meiner Darmzotten, ein PAP-Abstrich, eine Mundhygienesession oder Mammographie fällig sind. Und sie sind bereit, unermüdlich über Erinnerungsdienste an meinen Nerven zu zerren, bis ich dem schlechten Gewissen nachgebe. Sogar der uns eingepflanzte Selbstortungschip wartet bereits auf unserer digitalen Türschwelle und wird ganz sicher, angesichts der auf uns zukommenden Massen von sich beständig verirrenden Alzheimer-Alten, demnächst als sehr praktisch angesehen werden.

Florian zeigt sich als ausgesprochener Fan der regelmäßigen Selbstkontrolle, wie er es nennt. Regelmäßig Blutbefunde, Durchleuchtung und was es sonst noch alles gibt, ist ihm ein Anliegen, da er ja selber nicht wissen könne, was in seinem unsichtbaren Inneren so vor sich gehe. Dann lüftet er auch noch das Geheimnis seiner Halskette, die ich, wegen ihrer optischen Ähnlichkeit zu einer Star-Wars-Requisite im Zusammenhang mit seiner Person bisher gar nicht infrage gestellt hatte. Das hochglänzende, an beiden Enden spitz zulaufende, flache, silbrige Ding, das mich in seiner Form an die kleinen, mit meinem Großvater geschnitzten Rindenschiffchen meiner Kindheit erinnert und an einer Kette um seinen Hals baumelt, ist ein raffinierter Bewegungszähler. Sein ständiger Begleiter, Tag und Nacht, in jeder Lebenssituation. Den nimmt er nie ab. Wenn er merkt, so führt er dann mit großer Ernsthaftigkeit aus, dass er müde ist, so braucht er nur einen Blick auf den Schrittzähler zu werfen, und der sagt ihm dann, ob er sich Sorgen zu machen braucht, ob er also „angemessen müde" ist und sich jetzt einfach hinsetzen soll, oder ob seine Müdigkeit unproportional zu seiner Beanspruchung auftaucht. Dann müsste er nämlich etwas unternehmen. Jetzt tut er mir irgendwie richtig leid.

Mittels unserer neuen Technologien sind wir als Gesellschaft gerade dabei, unsere Kontrollmaschinerie zu perfektionieren. Wir vertrauen keinem mehr, nicht einmal uns selbst. Wir kontrollieren alles, einschließlich unserer eigenen Lebensregungen. Die Gesellschaft hat damit den Lebensstrom verbeamtet. Da soll es nichts Wildes, Unvorhergesehenes mehr geben. Auf Unvorhergesehenes oder Situationen, die sich gegen unsere Erwartungen als unberechenbar erweisen, reagieren wir mit Frustration, Ärger und Angst.

Als Gynäkologin habe ich dieses Phänomen bei Kinderwunschpatientinnen kennengelernt, die alles richtig „timen" wollten, um dann feststellen zu müssen, dass, wenngleich die Vorbedingungen von Ausbildung, Weltenbummeln, Wohnung/Haus, Karriereplateau, finanzieller Absicherung, Kinderzimmer und Lebensphase nach Plan absolviert waren, sich die punktgenaue Lieferung des Nachwuchses zum Drama entwickelte. Sie konnten es äußerst schlecht akzeptieren, sich im Bereich von Fruchtbarkeit und Schwangerschaft mit einem Phänomen konfrontiert zu sehen, das sich der Kontrolle in oft „unlogischer" Weise entzog und auch bei optimaler hormoneller Befundlage das bestellte Ergebnis einfach nicht zu liefern bereit war, ja sogar der Reproduktionsmedizin mit ihrer immer ausgefeilteren Methodik die lange Nase drehte.

Der Nachwuchs vom Reißbrett ist nicht nur ethisch eine der größten Herausforderungen, der wir uns zu stellen haben, sondern, wenn man in die noch schlecht ausgeleuchteten und somit dunklen Hinterzimmer von Eispende, Klonen, Leihmutterschaft, Qualitätskriterien von Samenbanken oder pränatale Geschlechtsdiagnostik und vieles andere mehr blickt, eine der schillerndsten Facetten des auf die Spitze getriebenen Kontrollprimats der Gesellschaft.

Mit gewisser diagnostischer Ruhe lässt sich attestieren, dass der Kontrollzwang unserer Gesellschaft, der mit Überreglementierung und Bevormundung einhergeht, nahezu wahnhafte Züge erreicht hat, gleichwohl der Titel, unter dem alle diese Bestrebungen laufen, „Optimierung" lautet und damit Unantastbarkeit genießt. Früher ging es um Verbesserung seiner selbst und noch ein wenig früher um Streben nach Tugend, heute um Optimierung, in der sich narzisstische Allmachtsphantasien spiegeln – den „common sense" als inneres Regulativ haben wir längst abgeschafft. So viel Verantwortung ist kaum mehr jemand bereit, selbst zu tragen. Daher gehen viele Bestrebungen und im wahrsten Sinne des Wortes viel Energie in die Richtung, Menschen zu „profilen". Wir wollen diese Informationen haben, um alle, die nicht zu unserer Primärgruppe oder unserem näheren Umfeld zählen, kontrollieren und letztlich manipulieren zu können. Das ist uns in unserem heutigen Selbstverständnis von Sicherheit bereits so viel wert, dass ein namhafter Teil des Weltenergieverbrauchs derzeit in der Verwaltung aller gespeicherten Daten unserer unlöschbaren elektronischen Fingerabdrücke – und zwar vorwiegend für die benötigten Kühlsysteme – fließt.

Datenmassen zu sammeln vermittelt uns ein absurdes Gefühl von Sicherheit und Beherrschung des Gegenübers. „Ich weiß alles von dir, ich kann dich berechnen, ich kann dich kontrollieren", lautet die Größenphantasie, mit der wir unsere Ängste vor dem Gegenüber in Schach zu halten versuchen und dabei übersehen, dass wir dennoch nur allzu leicht einen Schritt hintennach sein könnten.

Ein skurriles Beispiel dazu aus meiner Praxis war die Reaktionsweise einer Klientin, die von ihrem Lebenspartner wegen einer anderen Frau verlassen worden war. Statt durch den Prozess von Trauer und letztendlicher Akzeptanz dieser Lebensveränderung zu gehen, entwickelte sie unter Beauftragung eines Privatdetektivs eine fast manische Intensität in der Überwachung, minutiösen Datensammlung und Dokumentation der Lebensbewegungen ihres früheren Partners, um auf diese Art ein genauso verzweifeltes wie pervertiertes Machtgefühl aus diesem „Wissen" zu ziehen.

Als Gesellschaft sieht es fast so aus, als würden wir in absehbarer Zeit in die Phase gelangen, in der jemand, der zu oft Burenwurst einkauft, logischerweise und im Namen der Vernunft auch höhere Sozialversicherungsbeiträge zu zahlen haben wird. Das System sagt dann per Bescheid: Sie sind 48, also ist die Burenwurst gestrichen. Diese Kontrolle lässt sich sicher nicht nur mittels volldigitalisierter Erfassung des Einkaufsverhaltens lückenlos implementieren, sondern auch wissenschaftlich als angezeigt untermauern und somit vollkommen logisch als vernünftig argumentieren. Vor allem in Zeiten von schrumpfenden Ressourcen, Gefährdung des Wohlstands und steigenden Gesundheitskosten. Wir könnten dann eventuell noch nachweisen, dass wir besonders viel Sport machen, nicht rauchen und ausgesprochen viel Salat essen sowie jährlich am Marathonlauf teilnehmen, um dann vielleicht, wenn alle unsere Blutwerte stimmen und wir unser Leben ansonsten entsprechend den uns von unseren Apps aufgetragenen Anweisungen führen, noch drei Jahre länger einen Burenwurst-Dispens zu erhalten. Mahlzeit.

Die Sicherheit, die durch Kontrolle entsteht, ist eine Hülse, die das Leben abwürgt. Es entsteht eine Gesellschaft, in der wir uns fürchten müssen, wenn wir Burenwurst kaufen. Aber Leben bedeutet Begegnung, bedeutet Neues zu gestalten. Diese Gesellschaft zielt ganz im Gegenteil darauf ab, Begegnung zu normieren, zu standardisieren und zu ritualisieren. Am Beispiel von Sexualität ist dies besonders eindrucksvoll ersichtlich. Sexualität ist die Urkraft des Gestaltenden, der Begegnung mit dem Gegenüber, des Neugestaltens überhaupt. Jeder sexuelle Akt bedeutet, sich dem anderen aktiv hinzugeben, die Grenze des Ichs aufzulösen, sich anzuvertrauen, sich auf diesen Begegnungsprozess mit allen seinen Risiken und seiner Fehleranfälligkeit einzulassen. Und vergessen wir nicht: Jeder Akt der Zeugung ist völlig unkontrollierbar und damit im Ergebnis ein Risiko.

Bekanntlich sonnen wir uns im Glauben, ganz im Unterschied zu der so prüden, gehemmten, unaufgeklärten, naiven und unbefriedigten Vorgeneration eine endlich sexuell befreite Gesellschaft zu sein. Was uns jedoch gelungen ist, manifestiert sich darin, dass Sexualität als einer der am stärksten normierten Bereiche angesprochen werden muss. Die Angst, dass etwas Unerwartetes, Unkontrollierbares passieren könnte, dass wir also etwas fühlen könnten, was ganz aus unserer Tiefe des Sein aufsteigt und unvorhersehbar ist, führt gemeinsam damit, dass Sexualität sich hervorragend eignet, um kommerzialisiert zu werden dazu, dass sehr viele Bilder darüber produziert werden, wie das Ding Sexualität abzulaufen hat.

Wer hier zweifelt, möge sich im Internet, dessen Inhalte zu einem hohen Prozentsatz der Pornoindustrie verschrieben sind, per Knopfdruck oder „pop up" schlau machen oder kann dazu seine Volksschulkinder befragen. Heute muss man, will man als sexuell Befreiter gelten, nicht nur beim Smalltalk der Cocktail-Party über Bondage oder „anal bleaching" referieren können, sondern heute spielen sogar Kindergartenkinder in Vorschulgruppen – wie in einem Fall, in dem ich zur Beratung zugezogen wurde – in einer stillen, pädagogischer Überwachung entronnen Ecke, ganz naiv und beziehungslos bereits „ficken" mit Barbie und Ken. Die Gesellschaft sorgt eben bereits für ihre Jüngsten, damit sie früh genug mit derartigen Bildern konfrontiert werden, die ihnen vermitteln, was bei der Sexualität Sache ist, auf dass sie rechtzeitig in die Mechanik des Systems eingeführt werden.

Wir verwalten also die Wirklichkeit, indem wir die Lebendigkeit abwürgen. Wir bezahlen dafür mit unserer Glücksfähigkeit und schaffen ein totsicheres System. Von der Wiege bis zur Bahre sollen wir als rechtschaffene Bürger unsere ganze Lebensspanne innerhalb dieser Normierung zubringen. Die Endausbaustufe ist absolut sicher, optimiert und normiert, und die Vierzigjährigen haben die besten Blutwerte aller Zeiten. Doch das Ganze hat nichts mehr mit Leben, mit Überraschung, mit Unerwartetem, damit, sich auf etwas einzulassen zu tun.

Dass aufgrund dieser und anderer Mechanismen ein paar Prozent der Weltbevölkerung immer reicher und der überwiegende Teil immer ärmer wird, verweist jene „Gewinner" nicht in den Rang von Tätern, denn hier soll keine platte Verschwörungstheorie formuliert werden und niemandem Schuld zugeschoben werden, auch nicht den Menschen in ihren Luxushabitaten, die davon zu profitieren scheinen. Sie sind genauso Gefangene der falschen Überzeugungen und nur einfach durch Können, Kompetenz, Kriminalität, Geburt, Zufall oder Glück auf die Butterseite der Ideologie gefallen, die unser Leben definiert. Sie haben das System nicht erfunden, sie betreiben es bloß weiter.

Es gibt keine Täter und Opfer. Damit gibt es auch niemanden, auf den wir uns ausreden könnten. Das System ist ein Effekt davon, wie wir Menschwerdung als Gesellschaft betreiben, gesteuert über Angst, Kontrolle und Machtgier.

Das System ist die Folge kollektiver falscher Basisüberzeugungen, die den Menschen als angeblich instinkt- und triebgeleiteten Widersacher seiner selbst definieren. Als einen, der durch sein urinnerstes genetisches, unveränderbares Programm zu einer Konkurrenzfixierung, Machtakkumulation und damit zu einer ewig weiterwachsenden Steigerungsgesellschaft verurteilt ist. Ein Wesen, das durch sich selbst seinen schlimmsten Alptraum manifestieren muss.

Doch dieses System droht an die Grenze seiner Überlebensfähigkeit zu kommen, denn es ist auf den falschen Basisüberzeugungen aufgebaut, verstößt gegen die uns immanenten

Grundregeln des Lebendigen und läuft daher Gefahr, sich gerade deswegen selbst auszulöschen.

Burnout-Patienten sind Vorreiter des drohenden Systemcrashs. Die Krankheit der Sinnentleerung und Entfremdung ist der Endpunkt des bestehenden Systems. Jeder Burnout-Protagonist ist eine Warnung, dass die Verleugnung der Grundgesetze unseres Menschseins unseren Untergang nach sich zieht.

Es ist nicht die Arbeitswelt, die die narzisstisch-früh Traumatisierten und besonders Sensitiven vor sich her ins Burnout treibt, es sind die falschen gesellschaftlichen Ideale, die das besorgen.

Was wirklich hilft und was es Zeit ist zu tun. Menschwerdung über Mut, Vertrauen und Kooperation

Als gesellschaftskritisch denkender Psychotherapeut, der sich mit den unserer Konstruktion von Menschlichkeit zugrunde liegenden Überzeugungen auseinander setzt, könnte man, ebenso wie als Mensch mit Hausverstand, durchwegs zur Überzeugung kommen, dass wir mit dem System, das wir geschaffen haben und an das wir glauben, der falschen Idee von uns selbst aufsitzen. Vielleicht – die Masse des Beweismaterials ist erdrückend – sind wir von unseren biologischen Anlagen her besser als wir annehmen oder könnten es zumindest sein.

Die Frage, die sich uns also jetzt stellt, lautet: Ist das Bisherige wirklich alles, was wir als Spezies können? Ist diese bestehende Systemrealität, die für mehr und mehr Individuen zunehmend sinnentleert wird und in Entfremdung endet, die somit gegen die Wand zu knallen droht, die einzige Wirklichkeit, die wir uns für uns selbst vorstellen können? Meine Überzeugungen bestimmen mein Handeln und mit diesem forme ich nachhaltig die Wirklichkeit, mit der ich lebe und in der ich leben muss. Bleiben die bestimmenden Überzeugungen, die uns und unsere eigene Wirklichkeit betreffen, unhinterfragbar?

Dann könnte es allerdings sein, dass wir in absehbarer Zeit zu einem unbedeutenden Seitenzweig der Evolution werden. Gott würfelt nicht, wie schon Albert Einstein wusste, und als kosmologische Tagebucheintragung ließe sich das dann in etwa so lesen: „Homo erectus bis homo sapiens – 2,5 Millionen Jahre Entwicklungsarbeit, mangelndes Funktionieren des präfrontalen Cortex und der frontolimbischen Schleife, persönlicher Gier zum Opfer gefallen; Resümee: Beim nächsten Versuch auf fundiertere Ethikschaltung achten."

Dieses Kapitel will zum Widerstand aufrufen, zum Widerstand gegen sich selbst, gegen die eigenen krank machenden falschen Überzeugungen in uns, die uns vorgaukeln, sie repräsentierten die „einzig mögliche Wahrheit unseres Seins". Unsere „biologische Hardware" ließe auch ein ganz anderes Szenario zu.

Erst seit rund fünfundzwanzig Jahre kann die moderne Neurobiologie auch mittels neuer, bildgebender Verfahren Einblicke in das arbeitende Gehirn und seine Funktionsweise gewähren. Etwa genauso lang wissen wir um eine kleine, im Mittelhirn liegende Struktur von nachhaltiger Bedeutung: das Motivationszentrum.

Das Motivationszentrum ist unserem inneren Antriebsaggregat gleichzusetzen und somit jene Struktur, die als das neurobiologische Äquivalent einer uns innewohnenden Triebdynamik angesprochen werden kann. Es steuert unser Verhalten. Es ist daher äußerst aufschlussreich, uns seine Funktionsweise in Grundzügen anzusehen. Wie sich feststellen lässt, führt ein gewisses Verhalten dazu, dass das Motivationszentrum bestimmte Substanzen, nämlich Dopamin, Opioide und Oxytozin ausscheidet, die wiederum zu Wohlbefinden, Vitalität und Gesundheit, also unseren existentiellen Triebzielen, führen. Damit erfolgt gleichzeitig eine Rückkopplung, diese spezifischen Verhaltensweisen, die zu diesem Wohlgefühl beigetragen haben, zu wiederholen. Ganz entgegen der sich noch immer hartnäckig haltenden Theorie von unserer menschlichen Natur, sind es jedoch Verhaltensweisen wie Kooperation, Fairness, Teilen und wertschätzender sozialer Interaktion, also gute zwischenmenschliche Beziehungserfahrungen, die zu einer Ausschüttung der beschriebenen Substanzen führen. Im Klartext bedeutet dies, dass positive soziale Interaktion uns entspannt, zufrieden und glücklich macht. Umgekehrt, und dies ist in der letzten Phase von Burnout entscheidend, führt ein Mangel an diesen Erfahrungen, wenn also das eigentliche menschliche Triebziel gelingender Beziehungen mit unserer Umwelt nicht erfüllbar ist, zu einer Inaktivität des Motivationszentrums. Das Motivationszentrum wird zurückgefahren und im Gegenzug übernimmt das Stress- oder Aggressionssystem das Ruder, bei dem es sich eigentlich um ein Hilfs- oder Notfallsystem handelt. Mit allen negativen Begleiteffekten.

Dafür lassen sich jede Menge wissenschaftliche Versuchsanordnungen aufbauen, die beweisen, dass es uns am besten geht, wenn alle um uns herum auch zufrieden sind, wobei wir ein gewisses Ausmaß an Ungleichheit und Gefälle durchwegs aushalten. Der Mensch ist eben Träger eines „social brain" und als solcher mit einer Art vorinstallierter Fairnessschaltung ausgerüstet. Sogar Kleinkinder, wie in entsprechenden Experimenten gezeigt werden konnte, verfügen über diese „primäre Ethik" und versuchen bereits im zarten Alter von 18–24 Monaten, hilfreich zu sein, wenn eine Person in Bedrängnis gerät.

Dabei ist die Kenntnis der Person nicht Voraussetzung, um diese Hilfsbereitschaft auszulösen, die also auch durchwegs Fremden in Not zufließt, sondern der soziale Kontext, in dem sich die Situation abspielt. Kommt jemand unverschuldet in Not, dann mobilisiert dies Unterstützung. Erweist sich jemand als vormaliger Aggressor, so löst eine nachfolgende Bedrängungssituation, in die diese Person gerät, weitaus weniger positive Hilfsreaktion aus. Fairness und Gerechtigkeit dürfen also mit Recht als Grundsäulen unseres Menschseins und als in uns biologisch angelegt betrachtet werden.

Der Österreicher Martin A. Nowak, Professor für Biologie und Mathematik in Harvard, hat in seinem gemeinsam mit

Roger Highfield herausgegebenen Buch „Super Cooperators, Altruism, Evolution, and Why We Need Each Other to Succeed", in beeindruckender und umfassender Weise herauszuarbeiten verstanden, warum Kooperation und nicht Konkurrenz eine Schlüsselrolle beim Erreichen zunehmender evolutionärer Komplexität zukommt. Soziales Verhalten bis hin zu Selbstaufopferung unter gewissen Bedingungen zahlt sich also aus und gehört zu unseren ursprünglichsten biologischen Programmen.

Unglaublich aber wahr. Dabei aber kein Grund, um uns als Spezies nun moralisch verklären zu wollen. Betrachten wir das Ganze lieber von einem etwas nüchterneren, pragmatischen, evolutionären Blickwinkel, denn es geht hier ja nicht darum, zu moralisieren, sondern das bestehende System – das den „Wahrheitsanspruch" erhebt und die menschliche Natur als Begründung reklamiert – als fehlgeleitet und als unserer Anlage widersprechend zu entlarven. Die Zielsetzung ist es, den Blick freizubekommen und neues Beweismaterial endlich einzurechnen, um zu erkennen, dass es höchste Zeit ist, neue Basisüberzeugungen für unser Menschsein und damit eine neue gesellschaftliche Wirklichkeit zuzulassen.

Warum wir so sozial angelegt sind, dass wir bis in unser Neurotransmittersystem am besten funktionieren und am gesündesten sind, wenn wir uns in einem stabilen Kosmos von Bindung und Beziehung bewegen, hat einen plausiblen, nüchternen Grund: „survival of the fittest". Da ist er wieder, der Darwinsche Anspruch, diesmal in einem nachvollziehbaren, deduzierbaren Kleid und nicht als verkürzte ideologische Kampfansage aggressiver Konkurrenzpolitik. Im Unterschied zu im Tierreich erprobten Angriffs- oder Verteidigungsausrüstungen, Tarn- oder Fluchtmechanismen, setzte Mutter Natur bei unserer Spezies auf eine neuartige Strategie: ein großes, gut vernetztes und überaus lernfähiges Gehirn. Also Intelligenz und Schlauheit statt Kraft und Wehrhaftigkeit, Problemverständnis und Analyse statt Tarnen oder Fliehen. Diese notwendige Forderung nach einem großen, ausdifferenzierten Gehirn stellte den endlich aufrecht marschierenden und dank seines Überblicks auch ins offene Land sich wagenden Vertreter unserer Spezies allerdings vor ein Problem. Im aufrechten Gang sind, begründet durch mechanische und statische Anforderungen an die Rahmenkonstruktion des Körpers, der Beckendurchgangsöffnung im knöchernen Becken, also dem Durchtrittspfad des kindlichen Kopfes durch den Geburtskanal, Grenzen gesetzt. Was man da salopp gesprochen maximal durchbringt ist, trotz des Tricks eines partiellen Übereinanderschiebens der Schädelknochen während des Geburtsprozesses, letztendlich unverhandelbar und leider kein besonders großes Gehirn. Damit wäre im Sinne der Zielvision einer herausragenden Intelligenz wenig Staat zu machen. Der ausgewachsene Schimpanse verfügt, zum Vergleich, in etwa über 400 Kubikzentimeter Hirnvolumen, während wir es als Erwachsene, dank eines beachtlichen Wachstums in der nachgeburtlichen Phase, auf rund 1450 Kubikzentimeter bringen.

Stellen wir in Rechnung, dass wir nur mit einem Viertel dieses Gehirngewichts geboren werden, beschreibt dies den Sachverhalt ziemlich eindeutig. Die Evolution sah sich hier in ihrem Plan, uns als intelligenten Wesen größere Besiedelungsräume, nämlich auch das gefährliche offene Land, zur Verfügung zu stellen, daher vor eine ernsthafte Anforderung gestellt und behalf sich zur Lösung des Problems mit einer notwendigen, im Vergleich zu allen anderen Lebewesen extrem langen nachgeburtlichen Reifungsphase. Diese Entwicklung wiederum musste langfristige soziale Bindungen als Normverhalten nach sich ziehen, da diese betreuungsintensive Periode nicht von der Mutter alleine bewerkstelligt werden kann. Man könnte hier, in dieser ersten notwendigen, langfristigen Verbindlichkeit, die Wurzel der überragenden Bedeutung sehen, die soziales Leben für unsere Spezies entwickelte. Ebenso wie den Beginn von Haltungen wie Verantwortungsbereitschaft, Kontinuität, Verbindlichkeit, Zuverlässigkeit, Anteilnahme, Unterstützung und Verteilungsgerechtigkeit im engeren Rahmen, also die Ursprungskeime all dessen, was wir heute vielleicht unter Grundethik verstehen und was im Zusammenhang mit einem über die engen Grenzen des eigenen physischen Egos hinausreichenden Verhalten steht.

Der Plan mit einer überragenden, flexibel auf neue Anforderungen reagierenden Intelligenz evolutionär reüssieren zu wollen, war also zwangsweise daran gebunden, dieses Gehirn als „social brain" aufzusetzen und mit einer Grundethik zu versehen. Nicht Aggression und Machtstreben sondern Intelligenz und Kooperation erwiesen sich letztendlich als das evolutionäre Erfolgsrezept. Wenn wir unsere Geschichte als Menschheit im Zeitraffer betrachten, dann können wir auch richtig stolz sein. Wir haben immerhin den Weg vom gejagten Beuteobjekt bis hin zu unseren ersten Schritten auf dem Mond geschafft.

Den überwiegenden Teil unserer Menschwerdung, und dabei handelt es sich immerhin um ein paar Millionen Jahre, haben wir somit unter dem Paradigma von „Keiner hungert, wenn nicht alle hungern" zugebracht. Dies änderte sich erst knapp 9000 Jahre vor unserer Zeitrechnung mit der neolithischen Revolution. Ackerbau, Viehzucht, damit Vorratshaltung und die Erfindung von Besitz markieren eine neue Ära, die mit der damit auch eingeleiteten Anlage von Städten und erstmaligen Anonymisierung das bisherige Rüstzeug an biologisch verankerten sozialen Spielregeln von Egalität, Teilen und Fairness auf eine erste Belastungsprobe stellte. Gewalt und Krieg scheinen wir auch erst damals erfunden zu haben. Die ersten Funde von „eingeschlagenen Schädeln" datieren aus jener Zeit. Davor, so unglaublich es klingen mag, hat der Homo sapiens soziale Unverträglichkeiten mit einem friedlichen Repertoire oder schlichtem Ausweichen zu bewältigen vermocht.

Erst mit der Erfindung des ökonomischen Prinzips sind in der Folge jene Haltungen von Gier, Konkurrenz, Machtstreben, Angst vor dem Nächsten, ja Verdinglichung des Menschen selbst, alles, was wir heute der sogenannten Natur des Menschen zuschreiben, in unserer Biographie als Spezies nicht mehr nur als fehlgeleiteter Einzelfall sondern als systematische Normalität aufgetaucht. Damals erst hat die Geschichte von Kain und Abel ihren Ursprung genommen und ist zum ersten Mal erzählt worden. Es handelt sich aber, wie ganz eindeutig ersichtlich, hierbei um einen – denkt man in evolutionären Zeitdimensionen – vergleichsweise sehr kurzen Zeitraum.

Dem steht gegenüber, dass über Millionen Jahre entwickelte Programme nicht in ein paar tausend Jahren biologisch einfach so in ihr Gegenteil gedreht werden können. Das ökonomische Prinzip als menschliches Selbstorganisationsprogramm ist aus evolutionärem Blickwinkel, was seine Zeitdimension betrifft, eventuell einer Modeströmung vergleichbar. Ähnlich, wie wir uns zum Beispiel alle dem Modeprimat von „Plateausohlen" im Namen von Schönheit und Anerkennung ganz selbstverständlich ausliefern und uns beim Balancieren mit dem ungesunden Schuhwerk die Bänder unserer Fußgelenke zerren, so hängen wir als Menschheit gerade mit vollster Überzeugung am Gängelband dieses Denkmodells. In Zeitdimensionen der Evolution denkend entspricht dieses „gerade" allerdings einer

Zeitstrecke von ein paar tausend Jahren. Die Plateauschuhe ziehen wir wieder aus, entweder wenn uns unsere schmerzenden Knöchel verdeutlichen, dass wir hier nicht mehr mitmachen sollten, oder wenn uns eine neue Mode davon befreit. Voraussetzung ist allerdings, dass wir unseren Freiheitsgrad erkennen, die Plateauschuhe nicht irrtümlich für mit unseren Fußsohlen verwachsen halten und ein ewiges Dahinstolpern als von Gott gewollt akzeptieren. Es ist höchste Zeit, das ökonomische Prinzip als alleinig handlungsleitend und orientierungsspendend auszuziehen.

Fest steht, dass der Mensch ein Wesen ist, das biologisch auf soziale, sichere Bindung und Akzeptanz und daraus abgeleitet Wertschätzung ausgerichtet ist. Die Einführung des ökonomischen Prinzips durch Sesshaftigkeit, Ackerbau und Viehzucht eröffnete nun für den Einzelnen die alternative Möglichkeit, durch besonderen Einsatz, Erfindungsreichtum, soziale Dienstleistungen oder welche Art von Arbeit auch immer sich hervorzuheben und so zu Anerkennung und Wertschätzung zu gelangen. Gleichzeitig, und dies ist der zweite Anteil dieses letztendlich noch heute laufenden und nun bereits pervertierte Formen annehmenden Prozesses, werden damit Brüche in der fundamentalen Unterkonstruktion unseres biologischen Seins und tiefgreifende Irritationen betreffend einer egalitären gemeinschaftlichen Grundkonzeption gesetzt, sobald der Einzelne am Leistungsprinzip gemessen wird.

Unsere heute vorliegende Burnout-Gesellschaft ist der auf die Eskalationsspitze getriebene Konflikt zwischen dem Primat des zivilisatorisch begründeten ökonomischen Prinzips und unserer biologischen Natur. Und immer mehr von uns scheitern an der Verneinung des Menschlichen in uns – das nennt man dann Burnout.

Wie wir das leben können, was wir sind und trotzdem nicht verhungern

Wenn ich mit der falschen Landkarte unterwegs bin, werde ich kaum mein Ziel erreichen. Wenn ich den falschen Bauplan bekomme, werde ich kaum eine richtige Konstruktion vorlegen können. Und wenn ich Tomaten pflanze, werden kaum Kirschen wachsen. Als wesentlich eröffnet sich also für jeden mit Hausverstand Begabten, zuallererst all jene falschen Basisüberzeugungen zu unserer Natur als Menschen kritisch zu hinterfragen, die nur einer Systembesicherung dienen, um damit dem ökonomischen Prinzip endgültig seinen Stellenwert als Glaubensformel zu entziehen.

Es geht hier im ersten Schritt um die Rückeroberung des Selbstwerts – unseres Selbstwerts. Wir müssen an uns glauben. Wir müssen lernen, uns zu vertrauen. Und zwar aus uns selbst heraus, ehrlich, hart und kritisch und nicht auf Basis eines Vergleichsmaßstabs, auch wenn dies viel einfacher und verantwortungsbefreiter ist, solange wir nur einen Vorgabenkatalog erfüllen.

Dass es beim Vertrauen zu uns selbst beginnt, hat den einfachen Grund, dass ich dem Gegenüber schwer vertrauen kann, wenn ich mich nicht auf mich selbst verlassen kann. Zum Thema Selbstvertrauen wird ja viel publiziert und medial sowie in pädagogisch-psychologischen Kreisen, zu denen sich heute so gut wie jeder zählt, parliert. Selbstbewusstseinstests im Illustriertenformat, sodass man sie unter der Trockenhaube des Friseurs rasch bewältigt, sind immer ein Hit. Ich habe noch nie in einem Wartezimmer einen entsprechenden Zeitschriftentest ohne zahlreiche Kugelschreiberanmerkungen in den verschiedensten Farben gesehen. Das Thema Selbstbewusstsein, und ich beziehe mich hier auf den tatsächlichen Wortbegriff und nicht auf jene mehr in Arroganz und Selbstunsicherheit wurzelnde Form demonstrativer Selbstdarstellung, bewegt uns alle auch deswegen so sehr, weil wir als Gesellschaft sehr viel tun, um eine eigenständige Entwicklung von Selbstbewusstsein nicht zuzulassen. Wenn ich selbstbewusst bin, so muss ich mir meiner selbst sicher sein, mich ungeschminkt annehmen können. In einer Welt der Normierung, in der es bereits „benchmarks“ für die Lackierung von Fingernägeln oder den Stil der Intimbehaarung gibt, wird es ziemlich schwierig sich seiner selbst unbeeinträchtigt bewusst zu werden.

Kaum können wir über den Schüsselrand unseres Haferbreinapfs lugen und erst recht, wenn wir in den ersten frühen Sozialisierungsanstalten anmustern, werden wir mit Vorgaben und Bildern zu uns und wie wir zu sein haben, überschwemmt. Ebenso wie mit Gütern, die wir uns wünschen müssen, weil sie uns aufwerten und auf diese Art angeblich selbstbewusst, weil beneidet, machen. Schon im zartesten Alter, ja bereits intrauterin vom 3D-Ultraschall vermessen, ist uns kaum ein Fleckchen unbewertetes Sein gegönnt. Eine Tendenz, die sich lückenlos über die Kindheit in die Pubertät und unser Erwachsenenalter fortsetzt, so lange eben, wie es sich lohnt, uns zu kommerzialisieren und zu gängeln oder andere bereit sind, für uns Geld auszugeben, um unser Selbstbewusstsein durch Annäherung an das „Ideal“ zu fördern.

Das führt dazu, dass zum Beispiel so ziemlich jede Frau eine Art unsichtbares Ganzkörperpräservativ aus Messpunkten trägt, das Alarm schlägt, wenn wir zwei Kilo zunehmen. Ab fünf Kilo sieht sich nahezu jede veranlasst, aus Verzweiflung alle Spiegel um sich herum zu verhängen. Denn diese Gesellschaft – in der Bespiegelung also „Outlook“ in Anlehnung an ihr Vorbild

Narziss zu einem der Hauptreferenzkriterien geworden ist – gibt klare Modelle vor, was eine attraktive Frau ist und nimmt neuerdings auch Männer davon nicht mehr aus.

Aber auch alle anderen Lebensbereiche sind durchgerastert und durchbewertet. Für alles gibt es klare Sujets mit einem Optimum und einer gut eingelernten Toleranzbreite. Was es zum Beispiel heißt, ein Intellektueller zu sein, was Jugend auszeichnet, wie ein Erfolgreicher sich benehmen muss, um als solcher und nicht als Angeber durchzugehen oder aber wie ein Kritiker des Establishment, wie ein glaubwürdiger Gesundheitsapostel sein Leben anzulegen hat, ist klar vorgegeben. Was es heißt, alt zu sein und was man tun muss, um erfolgreich bei der Bekämpfung des Alterns zu sein und nicht als jemand zu gelten, der sich hängen lässt, wird uns permanent auf allen Kanälen vorgehüpft.

Meine Mutter hatte da ein vergleichsweise freieres Leben und einen unbehelligteren Selbstwert. Sie hat sich mit fünfzig kaum mit ihrem Aussehen auseinandergesetzt und es gab auch kaum Vorgaben, wie sie auszusehen hätte. Das ist heute viel enger. Wenn jemand mit fünfzig wie fünfzig aussieht, hat er angeblich etwas falsch gemacht.

Diese Gesellschaft hat kein Interesse daran, dass wir herausfinden, wer wir sind. Dann wären wir unberechenbar, gestaltend, weniger lenkbar. Stattdessen gibt sie uns Vorgaben zu allem, Vorgaben, zu denen wir uns positionieren müssen, wie immer wir das dann in wiederum vorgefertigten Kategorien auch tun. Als Fünfzigjährige kann ich mir dann aussuchen, ob ich mich dem Jugendwahn anschließen will, mit frei Haus gelieferten Argumenten, oder ob ich mich bewusst dagegen ausspreche, mit ebenfalls frei Haus gelieferten Argumenten. An den Punkt, an dem Alter für mich einfach kein Thema ist, komme ich gar nicht mehr. Ich muss nämlich auf jeden Fall Position beziehen.

Die Wenigsten versuchen überhaupt noch festzustellen, womit sie sich eigentlich auseinandersetzen wollen. Sie akzeptieren den gesellschaftlichen Katalog an Themen, den es mittels vorgefertigter Positionen abzuarbeiten gilt. Was uns bleibt, ist das illusionistische Gefühl freier Wahl beim Ankreuzen. Somit hängen wir dann im Spannungsfeld der Beschäftigungspolitik von Vorgaben und bemühen uns, dem Ideal oder aber – wenn wir uns gerne in der revolutionären Rolle sehen, die ebenfalls gut ausgemessen und vordefiniert ist – seinem Gegenteil immer näher zu kommen. Dabei kommen Menschen heraus, die nicht Rad fahren, weil es sie glücklich macht sondern weil man ihnen bewiesen hat, dass es sie jünger hält und deswegen wichtig ist. Oder Menschen, die sich als „Nicht-Radfahrer" positionieren, weil sie sich ja nicht bevormunden lassen wollen.

Das eigentliche persönliche Ich-Sein zu fühlen ist also gar nicht mehr so leicht, in einer millimeterweise durchdefinierten Gesellschaft. Die allermeisten wirklich selbstbewussten, sprich in ihrem Sein ruhenden Menschen, habe ich bisher immer weitab von unserer modernen Technologiegesellschaft angetroffen. Es scheint einfacher zu sein, unter „einfacheren" Lebensbedingungen zur Selbstannahme zu kommen, die Basis für Selbstvertrauen ist. Gelingt uns das, tragen wir eine Grundsicherheit in uns, die wir sonst mühsam über Kontrolle ersetzen müssen, was nie vollständig funktioniert.

Mit dieser Grundsicherheit sind wir im Vertrauen. Nicht im Vertrauen, dass uns nichts passieren kann, dass wir die Besten sind, sondern im Vertrauen, dass wir uns einer Situation aussetzen können, dass wir sie aushalten können, bewältigen, dass wir uns dafür maximal einsetzen können und an ein Gelingen unserer Bemühungen glauben. Mehr geht sowieso nicht. Und auch das gilt es zu akzeptieren.

Am Beispiel von Paarbeziehungen lässt sich dies sehr einfach demonstrieren, gerade weil der überwiegende Teil aller Beziehungen mit dem Thema „Vertrauen" hadert. In einer Art Verschiebung wird aus dem Mangel an Vertrauen zu sich selbst ein Vertrauensdefizit und eine Verlustangst, die sich auf den Partner beziehen. Doch ein Partner kann den anderen noch so sehr kontrollieren wollen, seinen Terminkalender checken oder gar ihm nachspionieren. Jeder, der will, wird trotzdem fremdgehen und – wenn er es nicht auf die Aufdeckung anlegt – es geschickt genug anstellen, damit unbemerkt zu bleiben. Erfolgreiche Kontrolle ist in Wirklichkeit nur eine Illusion. Jeder Kontrolle liegt eine gewisse Logik oder Systematik zu Grunde, jede Verschlüsselung einer Information, die sie vor fremdem Zugriff schützen soll, ist gleichzeitig ihre eigene Schwachstelle. Und Kontrolle nervt und ist ein gelebter, zerstörerischer Beweis für einen herrschenden Mangel an Vertrauen. Gerade damit provoziert sie erst recht, wovor sie schützen will, womit am Ende oftmals nur der fatale Triumph eines dann unverhinderbaren Pyrrhussiegs übrig bleibt.

Kontrolle will eine infantile Disneywelt herstellen, aber wir können in einer Disneywelt in Wirklichkeit nicht leben. Und dann bleibt uns oft sehr wenig.

Alexandra hat mehrere Beziehungen hinter sich gebracht. Ihre längste war die mit Tom. Mehr als acht Jahre waren sie ein Paar, die meiste Zeit haben sie zusammengelebt. Damals war eigentlich alles auf „unendlich" und Familiengründung ausgerichtet. Tom war ja auch einfach ihr „Mr.

Right" gewesen. Mehr als gut aussehend, gebildet, beruflich in seinem Unternehmen mit äußerst guten Aussichten ausgestattet, sensibel und dabei aber nicht von dieser soften Sorte, dass man Angst haben müsste, er würde sich im Ernstfall hinter einem verstecken. Dazu noch äußerst charmant und kommunikativ in seiner Grundhaltung, was zwar die Anfangsmonate zu einem Feuerwerk werden ließ, aber gleichzeitig einen permanenten Stachel bedeutete. Der Mann fiel einfach auf, auch anderen Frauen als Alexandra. Die anfänglich leichte Beängstigung steigerte sich mit zunehmender Dauer der Beziehung in die fixe Idee, dass Tom irgendwann einer Verführung erliegen werde. Die anfänglich geschickt eingeflochtenen Befragungen zu seinem Terminkalender wichen über die Jahre hinweg einem ausgefeilten Bespitzelungssystem und einem minutiösen Rapportierungsgebot.

Nach acht Jahren war es dann soweit: Tom suchte das Weite. Der vormals unbegründete aber permanent zunehmende Vertrauensmangel hatte der Beziehung im Alltagsleben das Wasser abgegraben, ihr einfach ihren Sinn geraubt. Alexandra ihrerseits, weit davon entfernt, das Geschehen mit ihrem eigenen Verhalten in Zusammenhang zu bringen, wähnte in den Vorgängen allerdings eine Bestätigung ihrer Grundannahme, „dass Männer eben so sind" zu finden. Die nachfolgenden Beziehungen waren ihrerseits von einem noch viel härteren Kontrollprimat und im Gegenzug von kürzerer Halbwertszeit geprägt, was Alexandra letztendlich zur Erfahrungsweisheit reifen ließ, dass man sich tunlichst emotional auf niemanden einlassen dürfe und dass Männer Frauen einfach immer ausnützen würden.

Alexandra ist heute 49 Jahre alt, hat Karriere gemacht, eine tolle Dachterrassenwohnung, so ziemlich jeden Flecken der Welt gesehen, soweit er ein Fünf-Stern-Ambiente anzubieten vermag, und lebt alleine. Ihre große Leidenschaft sind Soaps der Klasse Herz-Schmerz. Die zieht sie sich an Wochenenden staffelweise rein, wobei ihre beiden Katzen neben ihr auf der Couch sitzen dürfen.

Wäre es nicht wesentlich erfüllender und entspräche viel mehr der Sprache eines Selbstbewusstseins, sich in einer Beziehung Folgendes zu denken: Das passt für mich. Darauf lasse ich mich ein. Mit diesem Menschen spüre ich jetzt wirklich Erfüllung. Da sind diese berühmten Schmetterlinge im Bauch oder was immer mein Referenzsignal dafür ist, dass es sich um ein für mich richtiges Gegenüber handelt. Ich bin bereit, den anderen als meinen zentralen Beziehungsmenschen zu sehen, als den Menschen, auf den ich mich beziehe. Ich setze voraus, ich vertraue, dass es für meinen Partner auch so ist. Ich vertraue darauf, dass ich es wahrnehmen werde, sollte es sich zu verändern beginnen. Dann werde ich es thematisieren, im schlimmsten Fall wird es an diesem Punkt vorbei sein. Dann werde ich leiden, vielleicht sogar verdammt heftig, aber ich vertraue darauf, dass ich mit all dem werde umgehen können.

Vom Thema des Vertrauens in Paarbeziehungen führt der nächste Schritt zur Frage des Vertrauens gegenüber den Menschen unserer Umgebung. Als Kleingruppenwesen, das den überwiegenden Teil seiner evolutionären Existenz in überschaubaren Familienverbänden zugebracht hat, sind wir sozusagen auf eine limitierte Gruppengröße geeicht, innerhalb derer wir uns intim fühlen können und wo es uns leicht fällt, unsere emotionalen Zugbrücken herunterzulassen. Gruppendynamische Experimente vermögen diese Intimitäts- und Nähegrenzen sehr anschaulich zu demonstrieren. Darüber hinaus verfügen wir in einer gewissen Bandbreite über die Fähigkeit, uns weitere Menschen zu merken, sie als bekannt abzuspeichern und damit – in einem weiteren Sinn – als vertraut. Diese Grenze liegt ungefähr bei 170 Personen. Größere Menschenansammlungen, wie sie in Städten vorkommen, die es ja erst seit ein paar tausend Jahren gibt, die unseren biologischen Programmen also noch nicht tief eingeschrieben sind, führen zu einem primären Gefühl von Anonymität, da sie unsere Speicherkapazität überfordern, und lösen in erhöhtem Ausmaß Aufmerksamkeit und Spannung bei uns aus. Das kann in weiterer Folge, je nachdem in welcher Verfassung wir uns selbst fühlen, zu Beängstigung bis gespannter Feindseligkeit führen.

Wenn wir in einer völlig anonymen Großgruppe leben, wie einer Stadt, wo wir dauernd Fremden begegnen, können wir sie also nicht einschätzen. Auch hier gilt: je selbstbewusster, je mehr wir uns also unserer Kompetenzen und Fähigkeiten bewusst sind, umso leichter gelingt es sich auf diese Herausforderung einzulassen, desto weniger brauchen wir die Ausübung von Kontrolle über andere. Es geht also darum, dass wir anderen begegnen können und uns zutrauen, dass wir uns in dieser Begegnung bewähren werden.

In unseren modernen Großstädten leben wir alleine schon deshalb unter einer erhöhten Stressbelastung, weil wir permanent der Begegnung mit einer großen Zahl unbekannter Personen in Alltagssituationen ausgesetzt sind. Nicht umsonst ist eines der häufig beobachteten Symptome, – fast wäre man geneigt, es als Kardinalzeichen für ein drohendes Burnout anzusehen – dass sich dieses Fremdheitsgefühl, sei es in der U-Bahn oder im Bus auf dem Weg zur Arbeit, in ein Angstgefühl steigert oder sogar zu dramatisch imponierenden Panikattacken anzuschwellen vermag. Die Entfremdung von den anderen Menschen, der Verlust eines Einbettungsgefühls in ein stabiles soziales Netz und damit die persönliche Isolation sind bereits so weit fortgeschritten, dass die Stresssituation, sich mit vielen fremden Personen in einem geschlossenen Raum zu befinden, nicht mehr integrierbar ist.

Eine recht hilfreiche Methode für jeden von uns, um mit dem unvermeidbaren Phänomen, Teil einer größeren Menschenansammlung zu sein, erfolgreich umgehen zu können, besteht darin, die Menschen um einen herum aus der Anonymität hervorzuholen, zuerst imaginativ, aber damit in unerwarteter Weise oft auch real.

Dazu lässt sich folgendes kleines Experiment versuchen: Ich bringe, bedingt durch meine Vortragstätigkeit und Arbeit in verschiedenen Fachgruppen, ziemlich viel Zeit auf den unterschiedlichsten Flughäfen zu, nicht wirklich zu meiner Freude. Denn das sind Stunden, in denen man normalerweise zum keuchenden Hasten zwischen den Flugsteigen oder aber zu endlosem Warten verurteilt wird. Zwischen diesen beiden Extremen gibt es zumeist nichts. Flughäfen sind Orte maximaler Fremdheit, sterile Funktionsräume, die einen von einem Lebensbereich in den nächsten transferieren. Zwischenräume, Zwischenwelten des Lebens, an denen man nicht sein Leben gestaltet, sondern in organisierten Kanälen zu speziellen Zielöffnungen geschwemmt wird und dort wartet, bis die Schleuse aufgeht, um dann zu verschwinden. Nahezu jeder, auf den man trifft, ist einem unbekannt und wird es das ganze weitere Leben über auch bleiben. Man braucht einander nicht, man hat nichts Gemeinsames vor, außer, dass man voneinander in die unterschiedlichsten Windrichtungen wieder auseinanderstieben wird. Das Ganze spielt sich noch dazu im Hallenformat mit wenig Deckungsmöglichkeit und unter Orientierungs- sowie Zeitdruck ab. Die Menschen um einen herum reduzieren sich unter diesen Auspizien zu fremden Biomassen unterschiedlichster ethnischer Provenienz. Optimale Bedingungen für Stress und Anspannung, Gefühle von Einsamkeit oder Verlorenheit. Darum vermeidet auch nahezu jeder direkten

Blickkontakt – jeder scheint von einer unsichtbaren Glashülle umgeben zu sein.

Optimale Bedingungen aber auch für ein kleines Experiment. Ich setze mich bequem auf eine der Wartebänke und hole ein paarmal tief Luft. Ich lasse mich von meinem eigenen Atem ein wenig tragen. Ich spüre, wie ich von der Unterlage getragen werde und schaue mich sehr bewusst um. Ich sehe mir die Menschen um mich herum wie mit einem Vergrößerungsglas an. Ich nehme die Details wahr, den kleinen Fleck am Hosenbein des Herrn im mittleren Alter drei Sitze weiter, die hektischen Bewegungen, mit denen der junge Bursche seine für mich unhörbare Handykonversation fünfzehn Meter entfernt von mir führt, die liebevolle Bewegung, mit der eine Mutter ihrem Baby im Tragegurt über den Kopf streicht, den abgeblätterten Nagellack am Ringfinger der so adrett gestylten Businesslady am Nebensitz weiter rechts, das sichtbare Vergnügen des fetten Jugendlichen, der sich gerade einen Hamburger reinzieht, den Wichtigtuer, der so arrogant und angewidert in seiner Financial Times blättert und dauernd auf die Uhr schaut. Und dann sage ich mir folgendes: Alle diese Menschen sind wie ich. Alle streben wie ich nach Zufriedenheit. Genau wie ich fürchten sie Einsamkeit. Genau wie ich haben sie Schmerz, Trauer, Verzweiflung und Verletzung erlebt. Genau wie ich lernen diese Menschen jeden Tag Neues über das Leben.

Das für mich immer wieder interessante Ergebnis dieses Experiments ist die Tatsache, dass die mich umgebenden fremden Menschen für mich plötzlich wesentlich näher wirken. Ein Faktum, das sich in einer Art Reziprozität niederschlagen muss, denn ich bin sehr häufig im Gefolge dieser Übung – vielleicht über eine kurzfristige Veränderung meines Mindsets in dieser Situation – mit Menschen spontan ins Gespräch gekommen oder wurde von ihnen angesprochen und habe sogar einige äußerst interessante Bekanntschaften auf diese Weise gemacht.

Wenn wir uns nun im Weiteren der Frage widmen, was uns zu einem sinnerfüllten, befriedigenden, ja glücklichen Leben verhilft, so stellen wir entgegen landläufig geäußerter Meinung fest, dass dies weit weniger mit Geld und Reichtum zu tun hat, als dies unsere rastlosen Bemühungen und die Vergeudung unserer Lebenszeit vermuten lassen. Geld zieht, soweit existentielle Besicherung erreicht ist, keine proportionale Steigerung unseres Wohlbefindens nach sich. Das heißt: viel Geld zu besitzen, über großen Reichtum zu verfügen, macht nicht unbedingt rasend glücklich. Enttäuschenderweise, und davon können jene ein Lied singen, die trotz ansehnlichem oder sogar beträchtlichem Wohlstand die therapeutischen Couchen bevölkern, vermag Reichtum in der Realität trotz der bestehenden Konsumsuggestion nur einen sehr marginalen Effekt zu erzielen, was das Zufriedenheitsempfinden betrifft. Ganz am Ende, nach dreißig oder vierzig Jahren Hamsterrad, müssen wir dann häufig erkennen, dass wir es zwar vielleicht geschafft haben, die materiellen Träume unserer Jugend einzulösen, dass wir uns mit unseren endlich abbezahlten Konsumgütern nun aber um nichts wohler fühlen als mit dem Butterbrot auf der Parkbank unserer Jugend.

Wann ist der Mensch also glücklich? Was bedeutet es überhaupt, glücklich zu sein? So vielgestaltig die Definitionen sind, so sehr bleiben sie deskriptiv, indem sie einen äußeren Sachverhalt oder ein Ereignis einem beobachtbaren oder angegebenen Zustand zuordnen. Wenn man stattdessen physiologische Zustände des Menschen in ihren Laborparametern erfasst und sich von den betreffenden Menschen den damit einhergehenden Zustand beschreiben lässt, so ergibt sich für den Zustand von angegebenem Glücksempfinden, oder nennen wir es weniger hochtrabend Wohlgefühl, ein interessantes Bild.

Die moderne Neurobiologie mit ihren PET-Untersuchungen und schlauen Forschungsdesigns verspricht uns interessante Aufklärung. Sie zeigt uns nämlich, dass, wenn Versuchspersonen Stress und Spannung als ihren Zustand angeben, dies unmittelbar zu einer Zentralisierung des Blutstroms führt. Dann wird sozusagen auf „Notbetrieb" geschaltet, das Reptiliengehirn übernimmt das Ruder und komplexe kreative Lösungskompetenzen sind außer Reichweite, da die dafür verantwortlichen Hirnteile weitgehend von der Blutversorgung ausgenommen werden.

Das können wir im Arbeitsleben hinreichend am Phänomen der „Dienst nach Vorschrift"-Haltung beobachten, wir kennen es als mangelnde interne wie externe Kommunikation, als zähe unproduktive Sitzungen, in denen keiner den Mund zu einem brauchbaren Ansatz aufbekommt, als unnötige Krankenstandstage, enervierende Mobbing-Kampagnen, mit oftmals paranoid anmutender Dimension und den zahllosen anderen selbstdestruierenden Unpässlichkeiten. Wie sich das im Privatleben ausnimmt, wenn wir „rot sehen", hermetisch gegen jede noch so logische Argumentation verschlossen sind und Versuche, uns entgegenzukommen als Attacke gegen unsere Verteidigungslinien umdeuten, ist jedem aus eigener Erfahrung nur zu gut bekannt. Das sind dann die Streitereien, in denen wirklich jedes Wort falsch ist.

Denn hier, beim Erreichen einer bestimmten Schmerzgrenze, eben einer gewissen Stress-Spannung, regiert dann das Reptiliengehirn, also die tiefer liegenden, älteren und in erster Linie auf Überleben ausgerichteten Hirnteile – und zwar strikt territorial, so wie es eben angelegt ist. Ein fremder Akt auf meinem Schreibtisch löst dann reflexhaftes Zubeißen ohne nochmalige Nachfrage aus, die Handynummer meines früheren Rivalen auf dem Display des Handys meiner Partnerin wächst sich zur existentiellen Beziehungskonfrontation aus. Automatenhaft und ängstlich, aggressiv und unkreativ, einer Henne vergleichbar, die stur einen einmal eingelernten Weg geht, auch wenn eine ursprüngliche Barriere entfernt wurde und jetzt ein viel direkterer Weg zum Futterplatz zur Verfügung stünde, so funktionieren wir unter Stress. Motto: Das haben wir schon immer so gemacht.

Was aber braucht der moderne Homo sapiens sapiens, damit er ganz im Gegenteil zum eben beschriebenen sozialen Stresszustand, der nur eine recht eingeschränkte Kapazität unseres „social brains" zulässt, in diesen Zustand von Zufriedenheit und Entspannung gelangt? Was brauchen wir, damit sich in PET-Untersuchungen jene wundervollen Bilder eines ausgeglichenen Blutstroms durch den präfrontalen Cortex darstellen, der uns ja gerade zu dem macht, was wir sind? Jene Bilder, die den positiven Lebensgefühlen zuzuordnen sind und die auch dafür stehen, dass wir uns in einer entspannten, zufriedenen und zuversichtlichen Haltung befinden, zu unserer Höchstform auflaufen können und kreative, neue Lösungsansätze für unser Leben entwickeln, es also befriedigend gestalten können?

Love – Work – Pray oder: Was der Mensch neben Selbstbewusstsein zum sinnerfüllten Leben braucht

Keine Sorge – hier wartet keine esoterische Auflösung des Dramas der modernen Gesellschaft. Hier sollen weder Blumenkränze ins wallende Haar geflochten werden, noch Zimbeln als Dauerbegleiter für Hintergrundmusik sorgen, noch soll hier jemand verleitet werden, sich in belastenden Arbeitssituationen nicht zur Wehr zu setzen. Es schwebt mir auch nicht die Anstiftung zu reihenweisen Klostereintritten vor, außer jemand findet wirklich seine Berufung darin.

Wir versuchen auch hier, wie es so schön heißt, „evidence based" zu bleiben und wollen uns eines simplen aber wirksamen Denkmodells bedienen, das uns, wie ich es sehe, biologisch wie sozial-psychologisch ohnedies eingeschrieben ist. Wir wollen es nur in eine alltagstaugliche und alltagspraktische Form übersetzen.

In Wirklichkeit hat es den Anschein, dass es ein Dreiergestirn einer Grundausrichtung ist, das uns als bisheriges Endergebnis auf die Umwelterfordernisse eines hochadaptiven Entwicklungsprozesses bis in die Funktionsweise unserer Neurotransmitter hinein definiert. Und zwar egal, ob es sich um unser Privatleben oder unsere berufliche Existenz handelt.

Ich nenne es in einer Kurzformel: Love, Work and Pray.

„Love" steht für den relationalen Aspekt unseres Lebens, das heißt unsere Einbettung in ein unmittelbares Beziehungsnetzwerk.

„Work" benennt den okkupationalen Aspekt unseres Lebens, das heißt den Aspekt der Beschäftigung oder der Herstellung von was auch immer.

„Pray“ richtet sich an uns, die wir ein Bewusstsein über uns selbst entwickelt und das Nachdenken zu ersten wie letzten Fragen erfunden haben, es richtet sich an den reflexiven, also rückbezüglichen, den über uns und unsere unmittelbare Existenz hinauswachsenden Teil der unerlässlichen Sinnbefüllung unseres Seins.

In unserem Lebenskorb brauchen wir Love, Work und Pray. Von jedem Bereich ausreichend viel und in der für uns individuell ansprechendsten Form als sinnvolle Wegzehrung für unser Leben. Einen Beziehungsaspekt, einen Beschäftigungsaspekt, der uns entsprechen muss, und einen spirituellen, religiösen, also rückbezüglichen Aspekt.

Diesen drei Feldern nähern wir uns am besten strukturell, auf der Basis unserer persönlichen Selbstkonzeption: Hier bin ich als Entscheidender, als Selbstverantwortlicher, der sich seiner selbst bewusst sein muss, mit allen meinen Fähigkeiten und Talenten, Nöten, Beschädigungen und gegebenenfalls Einschränkungen gefordert. Was muss ich in diesen drei Feldern für mich entwickeln, damit es mir gut geht? Das ist eine sehr persönliche Entscheidung. Auf sie sollten wir in unserem Aufwachsen vorbereitet werden. Das wäre, neben einem integrativen Sozialisierungsaspekt, damit wir uns in einer Gemeinschaft reibungslos zu bewegen vermögen, der eigentliche Auftrag von Erziehung. Erkenne dich selbst – Unterstützung zu einer rückhaltlosen, ehrlichen Selbsterkenntnis. Entwickle dich, dein spezifisches Potential. Unvoreingenommen, ohne Bewertung und Einrasterung.

Dort fängt die Problematik heute jedoch in oft ganz extremer und gleichzeitig äußerst subtiler Form an, wenn wir ein Projektkind zum besten Zeitpunkt produzieren wollen und dieses dann mit allen unseren Vorstellungen von Erfolg und

Größe beladen, oftmals ohne dass es uns als Eltern überhaupt bewusst wird. Denn wir wollen ja nur das Beste für dieses eine Kind, und da wir im Unterschied zu früheren Generationen nicht mehr vier, fünf oder sechs Sprösslinge produzieren, gelingt es uns auch, dieses Vorhaben „beinhart" durchzuziehen. Wenn wir die Geschenkhaftigkeit des Kinderkriegens verleugnen oder sie gar nicht wahrnehmen, weil wir das Kind als unser Produkt ansehen, wenn wir nicht erkennen können, dass wir nur Begleiter mit Führungsverantwortung sind, Bergführer, die sich an der jeweiligen Leistungsfähigkeit und dem speziellen Talentportfolio der ihnen Anvertrauten orientieren müssen, dann tragen unsere Kinder eine schwere Hypothek in ihrem Lebensmarschgepäck mit sich. Sich aus diesem Kokon als Kind und Jugendlicher herauszuschälen ist extrem anstrengend – da biegen dann viele lieber gleich in eine virtuelle, präformierte, scheinbar Orientierung und Handlungsanleitung spendende Welt des ökonomischen Prinzips ab.

Ich habe zum Beispiel festgestellt, dass ich in meiner beruflichen Identität ein dynamisches Konzept brauche. Ich habe Medizin studiert, war Praktische Ärztin, Fachärztin für Frauenheilkunde und Geburtshilfe und dann Psychotherapeutin und Unternehmensberaterin. Das wäre im Normalfall genug, um eine sogenannte berufliche Identität zu begründen, also irgendjemand zu sein. Für manche Menschen stimmt das vielleicht. Sie beziehen aus der Statik Sicherheit. Für mich bedeutet Statik jedoch Einschränkung und Enge. So funktioniere ich. Das musste ich erkennen lernen. Dass es nämlich für mich nicht nur der Inhalt alleine ist, der zählt, sondern ich eine prozesshafte Entwicklung in allem, was ich tue brauche, damit ich zufrieden sein kann. Ich habe gelernt, auf die Stimme zu hören, die mich weiterzieht.

Unter dieser Voraussetzung der „Selbstentscheidungsbefähigung“ oder auch „Selbstermächtigung“, dass ich es also vermag, mir selbst, meinen Anlagen, meinen Bedürfnissen und meiner persönlichen inneren Mechanik möglichst unverstellt zu begegnen, ergibt sich die Frage, was ich unter Zuhilfenahme des Denkmodells von Love, Work und Pray für mich tun kann, worauf ich also zu achten habe.

Love: Liebe ist kein Gefühl sondern eine Haltung

Alles, was um mich ist, hat die Tendenz, auf mich zurückzuwirken. Als Menschen sind wir einerseits durch unsere Körpergrenzen von unserer Umwelt geschieden und stehen anderseits durch die Einwirkungen der Umgebung und unsere Körperprozesse in einem unauflösbaren Austausch, auch wenn wir die Tendenz haben, diesen Teil in unserer Autonomiefixierung gerne unter den Tisch fallen zu lassen. Atmung, Temperaturregulation, Stimmungsbeeinflussung, Nahrungsaufnahme, Ausscheidung, ja die Art und Qualität unserer Denkprozesse, all das hat sich nicht nur in enger Verwobenheit mit dem uns umgebenden Biosystem evolutionär entwickelt, sondern spielt sich weiterhin so ab. Alles ist mit allem über eine Fülle von Regulations- und Rückkopplungsprozessen verbunden. Deshalb geht es um Achtsamkeit. Denn Achtsamkeit zelebriert das Leben, ist eine Einstiegspforte in das Begreifen dieser Lebendigkeit, die wir sind, die uns umgibt und mit der wir letztendlich eins sind. Achtsamkeit wird damit zum spontanen Auslöser für Dankbarkeit. Zuerst sind es nur Momente dieser positiven Empfindung, wenn ich mit dieser wachsamen Achtsamkeit zum Beispiel durch einen Wald oder über eine Sommerwiese gehe und realisiere, dass ich ein Teil dieses ganzen, lebendigen Prozesses bin.

Dort wird mir die Geschenkhaftigkeit meiner lebendigen Existenz, die ich mir nicht erarbeitet oder gekauft habe, sondern die mir einfach gegeben wurde, bewusst. Die Geschenkhaftigkeit, die sich darin manifestiert, dass irgendwann mein Herz nach ein paar Wochen Entwicklungsarbeit zu schlagen begann und damit ein „Ja" zum Leben ausdrückt. Dieses Gefühl von dankbarer Verbundenheit als Haltung zu meiner Lebensumgebung ist hier mit Love gemeint. Auf einen lebenspraktischen Punkt gebracht, könnte man einfach sagen: Wenn ich achtsam bin, ist mein Leben schöner. Das gilt für Dinge ebenso wie für Menschen. Ich reinige mein Fahrrad, behandle es achtsam und freue mich, dass es sich erhält. Ich versuche Menschen in ihrem Sein wahrzunehmen und nicht, sie als Material für meine Selbstrealisierung zu benutzen. Mit dieser Haltung werden Beziehungen freudvoller, und die, wie schon hinlänglich ausgeführt, bestimmen nun mal unser Leben. Sei es die Beziehung zu meinem Vorgesetzten, meinem Partner, meinen Kindern, meinen Freunden oder auch zu meinem Fahrrad. Erprobterweise lässt sich sogar anführen, dass, vom Ausgangsmodell dieser Denkhaltung losmarschierend, auch die Beziehungen zu lästigen Verwandten selbst im Fall von Interessenkonflikten fruchtbarer gestaltbar sind.

Und dann geht es natürlich auch um Achtsamkeit mir selbst gegenüber. Das bedeutet zum Beispiel, Menschen, bei denen ich ein negatives Gefühl habe, aus dem Weg zu gehen. Wohlgemerkt, das macht sie nicht zu „schlechten Menschen“, sondern es bedeutet einfach, dass wir in gewissen Bereichen inkompatibel sind und hier nur äußerst viel Mühsal vor uns haben, wenn wir Dinge zu erzwingen versuchen. Ich sage zu ihnen: Ich respektiere dich. Du hast deine Ziele, weil du sie eben so gewählt hast, aber ich bin achtsam mit mir und deshalb steige ich da nicht ein. Klingt banal, aber die Konsequenzen sind weitreichend, wenn man die Entwicklungskaskaden von Prozessen dann im Nachhinein rekapituliert und feststellt, dass hier auf einer sehr frühen Stufe Interessenungleichheiten verleugnet, innere warnende Stimmen überstiegen wurden oder ein feiner Klang von Unbehagen nicht einmal Form annehmen konnte.

Das füllt letztendlich alle Lebensbereiche aus. Von zusammen in den Urlaub zu fahren bis dazu, gemeinsam eine Firma zu gründen. Wie viele Trennungen habe ich moderiert, bei denen sich eine jahrelange Verrenkung der eigenen Bedürfnisse am Ende als permanenter Nagel im Schuh erwiesen hat. „Zwanzig Jahre habe ich mich mit deinem blöden Fischen, Motocross-Fahren, deiner Eigenbrötlerei im Keller, deiner quälenden Jazzmusik etc. abgequält!"

Achtsamkeit bedeutet aber auch, Kritikfähigkeit sich selbst gegenüber, aufmerksam dafür zu sein, ob das, was ich erlebe, auch der Art entspricht, wie es mir gegenüber gemeint ist. Oder ob es von mir dafür verwendet wird, eine Projektion von mir zu befüllen.

Achtsamkeit ist ein Sicherheitskonzept, ein Aufmerksamkeitskonzept, nichts abgehoben Esoterisches. Denn wer achtsam ist und sich auf sich darin verlassen kann, der kann auch gefahrlos offen sein.

Man tut übrigens gut daran, darauf zu achten, dass man die Möglichkeit findet, sich sozial zu engagieren, denn nichts tut so gut, wie das Gefühl, gebraucht zu werden. So sehr dies im Widerspruch zum noch geltenden Menschenbild steht, das sozialem Engagement oder Spendenbereitschaft gerne den Mantel von Großzügigkeit umhängt: Auch das tun wir in Wirklichkeit aus einem alten biologischen Antrieb von Fairness und Ausgleich und weil es uns damit im wahrsten Sinne des Wortes besser geht. Sich um einen anderen Menschen, ein Tier, ja sogar eine Pflanze zu kümmern, erhält den, der es tut, gesund. Dazu gibt es jede Menge Forschungsbelege. Einzige Bedingung ist dabei, dass dieses Versorgen, dieses Helfen aus vollem Herzen, das heißt, schlichtweg ohne Interesse an einer Umwegrentabilität oder durch Selbsterhöhungsmotive geleitet, erfolgt. Die Biologie lässt sich eben nicht betrügen.

Der Hintergrund dazu ist, dass eine Haltung von Anteilnahme und Unterstützung ein Gefühl einer größeren Einbettung in ein Netzwerk an Bindung und Beziehung vermittelt und damit Zugehörigkeit in einem Strom des Austausches zwischen Gebenden und Nehmenden. Hier, in der Annahme dieser interaktiven Prozesse, im Geschenkhaften und damit Freiwilligen, wird das Band der Zugehörigkeit geknüpft und die Reduktion des Stresshormonspiegels bewirkt.

Work: Eine neue Art von Arbeitsbegriff und Unternehmenskultur

Mein eigener beruflicher Werdegang mutet für viele schräg an. „Wozu bist du überhaupt Frauenärztin und Geburtshelferin geworden, wenn du das heute hauptberuflich gar nicht machst?", fragen sie mich. Ich kann nur antworten, dass es damals für mich und meine Entwicklung vollkommen zentral war und dass es ganz sicher immer noch wesentlich ist, es gemacht zu haben, weil ich sonst nicht die wäre, die ich bin. Ich hatte die Möglichkeit, Erfahrungen zu machen, die mit anderen Eindrücken gemeinsam gerade jene Trittsteine waren, die mir den weiteren Horizont meines persönlichen Wegs eröffneten. Die eigentliche Herausforderung bestand darin, nicht meiner Bequemlichkeit anheimzufallen, bereit zu sein, meine Komfortzone zu verlassen und zu spüren, wohin mein nächster Schritt gehen sollte, auch wenn er „unsicher" war.

Ein statisches Konzept im Beruf trägt, wenn wir nicht wirklich zu jenen gehören, die gerade aus großer Verharrungstendenz ihre Lebensessenz und Freude ziehen, die Gefahr in sich, uns kaputt zu machen. Wir riskieren, dabei nicht im Kontakt mit uns selbst zu bleiben. Wir geben nicht nach, wenn es uns anderswo hinzieht. Wir führen ein beschädigtes Leben, das einen beschädigten Körper mit sich bringt. Alles hat eine prozessuale Feinmechanik, die dann in die Biomechanik unserer Körpersysteme übersetzt wird. Dann suchen wir in irgendeiner Form Linderung, essen zu viel, dröhnen uns auf irgendeine Weise zu oder brennen im schlimmsten Fall aus. Das heißt nicht unbedingt, dass das Heil darin liegt, einfach alle paar Jahre irgendwie den Job zu wechseln. Nicht simple Abwechslung ist hier gemeint.

Arbeit darf in dieser Sichtweise nicht den Stellenwert eines notwendigen und leider unvermeidbaren Übels einnehmen, das uns eben die wirtschaftliche Grundlage verschafft, um uns dann all jene Konsumgüter zu kaufen, mit denen wir uns belohnen müssen, damit wir die Schinderei weiter aushalten. Fast mutet es doch so an, wenn die medialen Coaches der diversen Radiosender uns Montagmorgens auf der Fahrt an die Arbeitsstätte Mut zusprechen, im Namen des sogenannten Realitätsprinzips einklagen, dass das Leben eben hart wäre und Durchhalteparolen auszugeben sind. Nach der Wochenmitte wird der Ton dann spürbar lockerer, um dann am Freitag seinen freudvollen Höhepunkt in der ekstatischen Ankündigung jener Events und Locations zu finden, die es uns für die nächsten zweieinhalb Tage ermöglichen werden, Platzhirsch zu spielen, die Sau richtig rauszulassen, mit einem Wort, unsere zivile Existenz als Werktätige zu vergessen. Eigentlich doch ein absurdes Szenario, das nach „Revolution" verlangt, denn immerhin bringen die meisten von uns acht oder sogar mehr Stunden ihrer besten tageszeitlichen Verfassung im Dunstkreis dieser Arbeit zu.

Arbeit muss, soll sie eine positive Partiale unseres Lebens sein, zumindest im Grundsatz für jeden Einzelnen aus der Art der Tätigkeit eine Identifizierung liefern können. Ich muss das, was ich tue, als sinnvoll und in seiner Grundanforderung als mir entsprechend erleben können, damit ich langfristig zu einer Sinnhaftigkeit gelangen kann. Ohne hier in eine weiterführende Bildungsdiskussion einzusteigen, wird deutlich, dass die derzeitige Form der Schule, die für die Entwicklung unseres Arbeitsbegriffs und der Arbeitshaltung einen wesentlichen Beitrag liefert, einer derartigen Zielsetzung eher entgegenwirkt.

Arbeit an Konkurrenz und einen brutalen Leistungsbegriff zu knüpfen, der für spielerisch Kreatives wenig Raum lässt, und dies schon vom jüngsten Alter an zu fordern, setzt uns nachvollziehbarerweise unter Stress, bringt unsere Sensibilität für Weiterentwicklung und Veränderung zum Erliegen und ist dafür verantwortlich, dass viele Menschen von Wochenende zu Wochenende leben und sich durch die „tote Zeit" der Berufstätigkeit von Urlaub zu Urlaub oder noch schlimmer von Krankenstand zu Krankenstand oder Kur quälen.

Auf der Ebene von Unternehmen müsste ein Paradigmenwechsel dahingehend eine Umsetzung erleben, dass sich Unternehmen wieder als gemeinsame Unternehmung von vielen wahrnehmen, nicht nur als Produzenten von Mehrwert. Der Gedanke einer Gemeinschaft, die etwas Sinnvolles tut und dabei vielleicht auch über die eigenen Unternehmensziele hinauswächst, sollte hier gelebte, das heißt für jeden spürbare Umsetzung erfahren. Ganz wenige tun das, doch dort, wo dieses Konzept in seiner Feinmechanik auf struktureller Organisationsebene umgesetzt wird, geht die Post ab. Dort gibt es kein Burnout, denn dort wird Arbeitsraum zum Lebensraum.

Das Beispiel eines befreundeten Finanzdienstleisters fällt mir dazu ein. Finanzdienstleistung ist ja nicht unbedingt eine Branche, die heutzutage noch besonderes Ansehen genießen würde. Dieser Finanzdienstleister aber sehr wohl und zwar nach außen wie nach innen, bei seinen Kunden sowie bei den nach der Finanzkrise in ihrer Identität durch zahlreiche Anfeindungen wie auch eigene Hinterfragung schwer geschüttelten Mitarbeiter und nun auch der Branchenpresse.

Der Grundgedanke ist hier ein sehr einfacher: Sozial und rentabel, das soll das Unternehmen heute sein und sich damit auch auf dem Identitätsfeld von Finanzdienstleistung neu positionieren. Das Geld der Kunden wird nach bestem Wissen und nur im Geist einer konservativen,

Nachhaltigkeit und Ökologie verpflichteten Grundhaltung angelegt und verwaltet, um eine entsprechende, wenn auch bescheidenere Rendite abzuwerfen, als Risikofonds dies versprechen. Für diese Beratungsleistung steht Honorar zu. Nach Rücksprache mit der Firmenleitung und vormals gemeinschaftlicher Auswahl wird ein gewisser Prozentsatz des Beratungshonorars für die Unterstützung von „Licht für die Welt" aufgewendet. Die Umsatzziffern des Unternehmens manifestieren sich gleichzeitig in einem betrieblichen Chart, das ständig aktualisiert, wie vielen Menschen das Augenlicht zurückgegeben werden konnte. Naiv? Vielleicht, aber es funktioniert, weil es letztendlich dem entspricht, was wir gerne sein wollen, was unseren inneren Programmen am nächsten kommt und Sinn in vielfacher Weise spendet.

Für die Mitarbeiter ermöglicht dieser Kulturwechsel den Aufbau einer neuen Identität als Finanzdienstleister, der sie mit erhobenem Haupt zum Kunden marschieren lässt und eine direkte, positive Rückkopplung der Arbeitsleistung über den eigenen Gehaltsscheck hinaus ermöglicht. Man fühlt einfach mehr Sinn in dem, was man tut, weit über das Fachliche hinaus, ist motivierter und weiß, dass man mit den Kollegen gemeinsam am richtigen Platz ist.

Und die Kunden? Die schätzen es ebenso, dass hier Nachhaltigkeit und soziales Engagement glaubwürdig gelebt werden. Das schafft Vertrauen, eine nicht unerhebliche Komponente für das Thema Geldanlage.

Wie kann sich nun auf Unternehmensebene eine Beratung, die unter dem Titel eines „evolutionären Unternehmertums" läuft, so wie sie jener Finanzdienstleister umzusetzen versucht, in ihren Komponenten praktisch darlegen? Sich einfach eine gefällige Organisation oder karitative Einrichtung zu suchen, an die man spendet, ist ganz sicher kein ausreichender Ansatz.

Aus dem bisher Gesagten wird klar: wollen wir der biologischen Ausrichtung unseres Menschseins und damit der Vermeidung von Stress sinnvoll begegnen, ist dem relationalen Aspekt dem Service der Beziehungsnetzwerke innerhalb von Abteilungen oder auch zwischen Departments zuallererst besondere Aufmerksamkeit zu widmen. Das bedeutet, dass die entsprechenden Maßnahmen bezüglich der Größe des Unternehmensorganismus, seiner gewohnten Kommunikationskanäle und bisherigen Behinderungen im Ergebnis dazu führen müssen, dass sich jeder Einzelne – im Idealfall – in einem „freundschaftlichen“, also den Cortisolspiegel senkenden, unmittelbaren Beziehungsgeflecht wiederfindet.

Das kann man durchwegs erreichen. Die Kunst der Unternehmensberatung besteht darin, unter dieser Zielsetzung die bestehenden Möglichkeiten des Unternehmens sowie mögliche gegenläufige Tendenzen aufzuspüren und transparent zu machen, um dabei entsprechende Formen des Ausdrucks dieser neuen Kultur für das jeweilige Unternehmen zu finden. Das ist bisweilen mühevoll anmutende Kleinarbeit und hat wenig mit eindrucksvollen Strukturdiagrammen zu tun, in denen ganze Abteilungen oft nur mehr graphische Symbole, aber schon lange nicht mehr Gruppen von Menschen sind. Wann wird es endlich auffallen, dass diese ganzen beeindruckenden Change-Management-Fahrpläne, samt ihrer Hochglanzbegleitunterlagen, wenig Veränderung bewirken können, wenn sie nicht auf den einzelnen Menschen heruntergebrochen und für ihn angreifbar und verdaubar gemacht werden?

Es braucht nämlich die Bereitschaft, sich auf den einzelnen Mitarbeiter und seine Persönlichkeit einzulassen. Das ist die bittere Pille für alle, die Menschen gerne wie Dutzendware verwalten würden. Und es ist nebenbei gesprochen häufig äußerst berührend, feststellen zu können, wie ein in der Firma als „alles verhindernder Ekelbrocken“ bekannter Mitarbeiter und

Kollege, der sich seinerseits von Urlaub zu Krankenstand rettet, plötzlich zum kooperativen Mitspieler mutiert, wenn man für ihn ein geeignetes, ihn respektierendes Beziehungsverhältnis herstellen kann.

Ein Beispiel hierfür: Es handelte sich um ein dysfunktionales Callcenter, also eine nicht unwichtige Kundenschnittstelle, das wir als „letzten Versuch" mit einem entsprechend abgesegneten Workshop übernommen hatten. Im Hintergrund brodelten tief empfundene Ungerechtigkeiten. Der Vorwurf von Privilegien einzelner Mitarbeiterinnen und daraus resultierende Animositäten lasteten schwer auf der Gruppe. Eine Grundatmosphäre von gehässiger Höflichkeit und Arbeitsbehinderung prägte die tägliche Arbeits- und Umgangskultur. Einigkeit herrschte nur in dem Punkt, dass es hier nicht mehr auszuhalten sei, man an dem Job kaputt gehe.

Da der Austragungsort der Spannungen und Konflikte sich vielfach auf die Serviceebene mit dem Kunden verlagert hatte, hagelte es als Reaktion zahlreiche Beschwerden und die Firmenleitung sah als nächsten Schritt großzügige Personalveränderungen als einzige Lösung. Hätten wir hier einen der zahlreichen Konfliktlösungsansätze zur Anwendung zu bringen versucht oder das klassische Instrumentarium von Teambuilding ausgepackt, wäre uns dies garantiert alles abgeschossen worden und wir hätten unverrichteter Dinge wieder abziehen müssen.

Wir haben einen anderen Weg gewählt, einen Weg, der die Zielsetzung der Errichtung eines positiven Beziehungsnetzwerks vor Augen hatte. Wir haben den Fokus geändert und die einzelnen Akteure füreinander als Personen transparent werden lassen, ihre gemeinsamen Lebensbelastungen herausgearbeitet und ihre gemeinsamen Zielsetzungen im Unternehmen verdeutlicht. Die Rückmeldung war nicht nur überquellende Zufriedenheit in allen erhobenen Partialen, was man nirgends zeigen kann, weil einem das keiner glaubt, obwohl es völlig logisch ist, wenn Menschen sich ernsthaft als Menschen mit ihrer persönlichen Geschichte angesprochen und in ihren Anliegen wertgeschätzt fühlen. Als Nebeneffekt kam es auch zur Beilegung des Konflikts und eine tiefere Ebene der Übereinkunft, einander zu unterstützen. Dafür war allerdings dann auch eine weitere Komponente wesentlich: jene der Sinnbefüllung der Tätigkeit für sich genommen.

Das ist etwas „tricky", obwohl wir doch geneigt wären anzunehmen, dass dies ja wohl die ureigenste Mission und Motivation des Mitarbeiters ist. Dem ist aber leider schon lange nicht mehr so. Zahlreiche Mitarbeiter verstehen die Frage „Warum üben Sie diese Tätigkeit aus?" nicht als Nachfrage, welche Bedeutung ihre Aufgabe für das „Gesamtwerk", sei es die Herstellung eines Autos, sei es die Verwaltung von Versicherungsverträgen, hat, sondern antworten wie aus der Pistole geschossen: „Weil ich davon lebe." Das Problem rekrutiert sich aus der hochspezialisierten Arbeitsteiligkeit, die wir entwickelt haben.

Die Fragestellung ist eigentlich mit dieser zu vergleichen: Wie bringe ich die Ameise, der zwei Kilometer von ihrem Bau entfernt ein das Fünfzehnfache ihres Körpergewichts schwerer, toter Käfer, also hochwertiges Eiweiß, vor ihre sechs Beine fällt, dazu, sich der unendlichen Mühe zu unterziehen, dieses Ding schweißtreibend in das Nest zu zerren, statt leise pfeifend vorbeizumarschieren? Wo nimmt die Ameise diese Motivation her, die sich bei uns in Arbeitsbereitschaft und Arbeitsqualität manifestiert? Nun, Ameisen muss man Gott sei Dank nicht motivieren, sie haben keine individuelle Persönlichkeit, können sich also nicht selbst frei entscheiden, sondern sind einfach unmittelbar mit dem Gesamterfolg des Baus verknüpft.

Bei uns ist dies etwas diffiziler und der wesentliche Punkt in einer hocharbeitsteiligen Produktion, die vielfach noch dazu virtuelle Güter herstellt, liegt darin, Mitarbeitern den Ergebniszeitpunkt und Effekt ihres Einsatzes erfahrbar zu machen. Sie müssen an der Sichtbarwerdung ihres eigenen Einsatzes beteiligt sein, eine Rückspiegelung dazu erhalten. Wir hatten zum Beispiel in Rumänien in einem Werk der Autozulieferungsindustrie ein Chart, das jedem Mitarbeiter täglich vor Augen führte, wie viele Fahrzeuge mit den genähten Lenkrädern vom Band gehen konnten.

Dies leitet im Weiteren dazu über, dass Arbeit eine Sinnausrichtung befriedigen muss, sie muss, bezogen auf den Unternehmenskontext, fähig sein, auf die Frage: „Warum tun wir, was wir tun?" eine befriedigende Antwort zu geben. Warum stellen wir das her, was wir hier produzieren? Und – der Beantwortung dieser Frage kommt besondere Bedeutung zu: In welcher Weise steht das, was wir hier tun, in einem Sinnzusammenhang mit einem größeren Ganzen? Inwiefern macht es das Leben besser, einfacher, sinnvoller, können Menschen davon eine Lebensverbesserung erwarten? Wofür ist das, was wir tun, also wichtig? Denn daraus bezieht sich der „Sinn-Kick", dort bekommt unser Tun, Herumschrauben, Akten bearbeiten, an einem Empfang sitzen oder was auch immer wir tun, mehr Wichtigkeit als uns nur zu ernähren.

Das mag aus einer vorschnellen Perspektive heraus für einen Spitalserhalter, der die medizinische Versorgung einer Bevölkerung ermöglicht, natürlich eine einfacher zu beantwortende Fragestellung sein, als für eine Schnellimbisskette oder den Portier eines Unternehmens. Hier muss man sich die Zeit nehmen und dann etwas tiefer graben, um eine Antwort liefern zu können, was nämlich – über einen Shareholder-Value hinaus

– unsere Existenz als Unternehmen wirklich rechtfertigt oder aber meiner Arbeit aus tieferem persönlichen Antrieb heraus einen größeren Sinn gibt.

Margot habe ich in einem Möbelhaus beim Kauf eines Betts samt zugehörigen Matratzen kennengelernt. Sie fiel mir dadurch auf, dass sie unermüdlich Fragen zu meinen Schlafgewohnheiten und meinem Rücken stellte und mich durch die gesamte Abteilung zum Probeliegen jagte. Dass ich meine Nächte in Zukunft auf der „richtigen Matratze" zubringen sollte, schien ihr mehr Anliegen zu sein, als mir. Ihre Mühe und Aufklärungsintensität ließen uns ins nähere Gespräch kommen. Sie hätte doch schon längst wieder gemütlich an ihrem Schreibtisch sitzen oder einen schnellen Kaffee in der Kantine trinken können. Der Kauf wäre ihr auch so sicher gewesen. Sie erzählte mir von ihren eigenen, mehrfachen Bandscheibenvorfällen, ihrem therapeutischen Spießrutenlauf und der segensreichen Auswirkung, die eine Matratze geeigneter Härte und Zusammensetzung für ihr Leben bedeutet hatte. „Seither ist mir das ein echtes Anliegen. Und seit ich mich ins Bettenstudio versetzen habe lassen und hier für jeden meiner Kunden die richtige Matratze finden kann, macht mir mein Beruf im Möbelhaus richtig Spaß."

Margot ist eine von jenen, die ihre persönliche Sinngebung in ihrem Arbeitsbereich gefunden haben. Aber auch viele andere fallen mir dazu ein. Was sie alle verbindet, ist die Tatsache, dass sie einen Grund für ihre Tätigkeit gefunden haben, der über sie selbst hinauswächst. Ob das Klaus, der Portier einer Privatschule ist, der jedes Kind am Morgen freundlich begrüßen will, weil er der Ansicht ist, dass der Schulalltag der Kinder viel zu hart ist oder Rene, dessen große Leidenschaft Snowboarden ist und der einfach sicherstellen will, dass seine Kunden das für sie am besten passende Snowboard bekommen, weil

Snowboarden so happy macht. Sie alle spüren einen Sinn in dem, was sie tun, der über die Gehaltszahlung hinausreicht. Es sind Menschen, die aus ihrer Begeisterung heraus auch oftmals mehr arbeiten, als es ihr Vertrag vorsieht. Aber es sind auch Menschen, die sicher kein Burnout bekommen.

Auf dieser Ebene der Sinnbefüllung der Tätigkeit eines Unternehmens, die letztendlich die Rechtfertigung darstellt, warum es uns gibt, mit unseren Hamburgern, Versicherungsprodukten, unserer Airbagproduktion oder auch unserer Tageszeitung, wird meiner Beobachtung nach allerdings immer noch unter dem Paradigma der Konkurrenz kommuniziert. Und das sowohl nach außen in Marketing und Vertrieb wie nach innen in der internen Kommunikation des Unternehmens. „Unser Produkt ist besser", tönt es letztendlich als Affirmation und oft unter Umgehung beweisbarer Tatsachen – und das ist in Zeiten der evolutionären Konkurrenzbeschleunigung zunehmend einfach zu wenig. Wir brauchen eine handfeste, spürbare Begründung, warum wir im Unternehmen zum Beispiel an unsere Versicherungsprodukte glauben können, warum wir der Überzeugung sind, dass Menschen mit unseren Produkten am besten versorgt sind.

Das muss man, sobald man dies als Teil der spezifischen Unternehmensidentität erarbeitet hat, in der Folge auch nach innen kommunizieren und letztendlich ergibt sich daraus, praktisch im Nebenschluss, auch eine authentische Verkaufsstrategie. Es braucht hier Ehrlichkeit und wenn wir bereit sind, genau hinzusehen, so sollten Produkte, die keine entsprechenden Argumente für ihre Existenz finden können, möglichst rasch „outdaten". Die tun nämlich keinem gut. Weder denen, die sie kaufen noch denen, die sie produzieren oder verkaufen.

Pray: Sich aufgehoben fühlen, ganz ohne Kontrolle

Der Mensch des 21. Jahrhunderts ist ein Pilger ohne Masterplan, einer, der den Weg zwar zum Ziel erklärt hat, aber dennoch durch die Landschaft rast, ohne verweilen zu können. Der narzisstische Individualismus und die daraus resultierende Selbstbespiegelung lassen keinen Platz für Gott. Den haben wir von dem Podest gestoßen, auf dem er, außer in unserer Fantasie, nie stand und haben uns schwitzend selbst als Götze hinaufgehievt. Fazit: Kein anderer ist bereit, uns anzubeten. Wir sind ziemlich einsam und haben sogar die Gemeinschaft des regelmäßigen gemeinsamen Rituals und Gebets verloren. Dieser Verlust an Stütz- und Stärkungsritualen lässt sich auch durch grandios inszenierte Länderspiele unserer Fußballklubs oder Megakonzerte der gerade gängigen Popikonen nicht hinreichend wettmachen. Das spüren sogar jene, die fähig sind, sich dabei in hysterische Gefühlsausbrüche hineinzusteigern. Nachher sind sie nur müde und genauso leer. Was bleibt ist nur der Kopfschmerz von zu viel Alkohol und anderen Stimmungsmachern.

In der heutigen Individualisierungskultur ist es für moderne Eltern auch nicht mehr zulässig, ihre Kinder „irgendwie" christlich zu sozialisieren. Abmeldung vom Religionsunterricht gehört zum guten Ton, um den Kindern die Eigenständigkeit zu erhalten. In dieser Frage sind wir deshalb auf uns selbst zurückgeworfen. Wir müssen sie trotzdem für uns und eben jeder für sich allein beantworten können. Dann eben mit der jeweiligen Denkmechanik, die uns in unser persönliches Betriebssystem geschrieben wurde. Die meisten von uns kommen da von der Seite der Naturwissenschaft und manche dringen bis zu jenem Bereich vor, wo Quantenphysik, Philosophie und Religion zu verschwimmen beginnen. Dort, im Angesicht der Baupläne der

Schöpfung, gibt es für den in seinem Verständnis technologiegetriebenen, postmodernen Menschen einen Punkt, an dem er niederknien könnte, ohne an seiner intellektuellen Redlichkeit zweifeln zu müssen und an dem sich durchwegs denken lässt: Wow, da ist ein Ganzes. Dort kann heute Glaubensbegegnung angesiedelt sein, eine Erkenntnis meiner selbst als Teil des Ganzen. Sie ist verbunden mit dem Gefühl, dass es in Ordnung ist, dass es mich gibt. Eine Glaubenserfahrung, die mit Dankbarkeit einhergeht und die natürlich nichts mit Religion im traditionellen, katholischen Sinn zu tun hat. Vielleicht kann man es als ein mystisches Erlebnis bezeichnen. Egal, welche Nomenklatur man anwenden möchte, es spendet einen Rahmen, in dem ein Gefühl von Geborgenheit, sicherem Aufgehobensein, fühlbar wird.

Zu verwalteter Religiosität vermag der aufgeklärte Mensch es heute schwer finden, Beziehung aufzubauen. Kirchen wirken, entsprechend ihrer inneren Mechanik und Befehlsketten häufig als eine Filiale der Kontrolle, weil hier normiert und vorgegeben wird. Wie man sich entscheidet, ist die persönliche Aufgabe jedes Einzelnen, nur man muss sich dieser Frage des letzten Sinns stellen, um Lebensruhe finden zu können. Denn wie heißt es im Wort von Augustinus: „Unruhig ist mein Herz, bis es ruht in Dir, mein Herr." Auch der Mensch der Moderne kann diese „Unruhe des Herzens", seine Reflexivität, nicht einfach in einer Konsumwelt und mittels Niederbeschäftigung abgeben, aber er hat es in diesem Punkt eindeutig schwerer als frühere Generationen, bis zur ihm Ruhe spendenden Antwort vorzudringen. Hier manifestiert sich, genauso wie in vielen anderen Lebensentscheidungen auch, die Kehrseite der großen errungenen Wahlfreiheit als bedrängende Wahlverantwortung. Jetzt, wo wir bis in die Hadronen, Quarks und immer kleineren subatomaren Teilchen mit unserem mechanistischen Weltbild vorgedrungen sind, wirken die Angebote der traditionellen Glaubenssysteme natürlich zu wenig adaptiert, zu eng, zu antiquiert. Da sitzen überall noch die Katechismus-Engelchen im Chorgestühl und der weiße Bart vom „lieben Gott" quillt über die Kirchenbank. Das ist für einen aufgeklärten Menschen heute ein wenig attraktives, ja lächerliches Angebot, nahezu peinlich und unvereinbar mit seinem Selbstbild. Und von einem erhobenen Zeigefinger oder drohendem Höllenfeuer lassen sich heute vielleicht noch kleine Kinder einschüchtern, weswegen all jene, die diese Metaphern noch als Kinder selbst angeboten bekommen haben, ihre Kinder vorsorglich lieber gleich dem Ganzen gar nicht aussetzen wollen.

Die Weltreligionen haben von Amtsseite her die Übersetzung in die Moderne verpasst. Ein fataler Marketingfehler. Grundsätzlich ist Religion ein unschlagbares Produkt und Spiritualität die Brücke zwischen meiner materiellen physischen Existenz und einem höheren Gefühl von Eingebettetheit in einen Sinnzusammenhang, aus der wir wiederum Sicherheit und Lebensvertrauen beziehen. Doch die Amtskirchen waren zu lange erfolgsverwöhnt und haben die Veränderung der Bedürfnisse ihrer „Customer" verleugnet sowie den „Shift" in der Marktplatzierung nicht wahrhaben wollen. Grundsätzlich wäre das eine Verpackungsproblematik, doch der „Vorstand" setzte in seiner Veränderungsresistenz möglicherweise darauf, dass man den Aktieneinbruch jetzt aussitzen muss und wartet darauf, dass das Mittelalter wieder in Mode kommt.

Doch die bittere wie gleichzeitig süße Konsequenz ist, dass jeder sein Leben selbst führen muss, jeder selbst Verantwortung übernehmen muss und jeder, wenn auch heute unter erschwerten, dafür individualisierten Bedingungen, seine Antwort zum

Thema Spiritualität finden muss. Aber wenn diese Reise gelingt, dann ist das Leben fein.

Wahrscheinlich muss man sich hierfür die richtigen Fragen stellen: Was bedeutet das, was ich tue? Was ist der tiefere Sinn dessen, was ich lebe, und was könnte der Sinn sein? Was trage ich durch mein Leben zu unserer Menschwerdung bei? Was müsste ich ändern, damit das, was ich tue, Sinn macht? Ist der Sinn vielleicht in Ordnung und bloß die Art wie ich ihn lebe nicht?

Dabei geht es nicht um einen weltumspannenden Einfluss, ganz im Gegenteil, all diese Fragen beziehen sich auf den unmittelbaren Raum um mich herum. Was also bedeutet das, was ich in meinem Beruf, in meiner Freizeit, in meiner Familie tue, für dieses mein unmittelbares Ökosystem? Trage ich etwas Positives für die Menschwerdung aller mich umgebenden Personen, meines Partners, meiner Kinder, meiner Freunde, meiner Kollegen bei, in der Art wie ich als Beziehungs- und Kommunikationspartner zur Verfügung stehe, in den Entscheidungen, die ich treffe, in den Werten, die ich vertrete? Müsste ich hierin, wenn ich mich kritisch hinterfrage, die Ziele ändern? Oder stimmen meine Ziele und muss ich meine Methoden überdenken?

Und manchmal in meinem Leben muss ich sogar weggehen. Manchmal ist die Antwort, dass hier kein Sinn für mich zu finden ist. Dann geht es um Mut. Den Mut, mich einem Risiko auszusetzen. Dann muss ich bereit sein, zu meiner Lebendigkeit und ihren Konsequenzen zu stehen.

Und übrigens: Das waren gar nicht die richtigen Fragen. Die muss nämlich heute, in einer hyperindividualistischen Gesellschaft, auch jeder für sich selbst finden.

Nachwort

Burnout macht uns deutlich, dass wir als Gesellschaft in Wirklichkeit keine Wahl mehr haben. Wir haben die Kontrolle und Reglementierung der Lebendigkeit auf Basis eines mechanistischen, reduktionistischen Weltbilds, das wir über die angebliche grundsätzliche Gefährlichkeit des Menschen rechtfertigen, auf die Spitze getrieben und knallen damit gerade gegen die Wand. Wir sind zu 100 Prozent kontrollierbar, verwaltet, verbeamtet, verreguliert, aber wir sind nicht mehr lebendig. Das, was Leben ausmacht, das Dynamische, Unvorhergesehene, Herausfordernde, das Bewährung und Anpassung und kreative Lösung fordert, ist wegrationalisiert. Doch genau das ist das Grundgesetz der Evolution. Wenn wir uns dem widersetzen, so rationalisiert die Evolution UNS weg. Der Burnout-Protagonist ist die Speerspitze dieser Warnung. Ein abgestürztes, ausgebranntes Motivationssystem, ein Mensch, der durch das Stresssystem, ein sekundäres Hilfssystem, das nur für Notfälle gedacht wäre, im Dauerbetrieb gesteuert wird. Unter der falschen Vorspiegelung von Permanentbedrohung, die in den Arbeitsplatz reklamiert und durch zu erfüllende Konsumaufgaben angetrieben wird, richtet uns das zugrunde. Dem Irrtum, dass narzisstische Individualisierung und basale, infantile Bedürfnisbefriedigung angeblich Autonomie bedeuten, muss ins Auge geblickt werden. Reife Autonomie verlangt die Anerkennung von wechselseitiger Abhängigkeit, verlangt die Fähigkeit, diese Abhängigkeit auszuhalten und positiv zu gestalten, verlangt den Mut, trotz der damit verbundenen Angst, Vertrauen, Selbstvertrauen aufzubringen und sich dem Strom der Lebendigkeit gestaltend anzuvertrauen. Wir müssen jetzt ganz rasch die richtige Abzweigung für unsere Menschwerdung nehmen. Nur so können wir das werden, was wir sein könnten. Die Burnout-Lüge muss entlarvt werden: Burnout-Patienten dürfen nicht weiter Bauernopfer sein, hinter denen sich eine fehlgeleitete Gesellschaft versteckt. Zuerst verleugnen wir sie, dann schenken wir Ihnen unser Bedauern, schicken sie auf Rehabilitation oder in gesellschaftliche Hinterhöfe. Aber noch immer verschließen wir unsere Ohren mit Wachspfropfen vor der Warnung, die uns immer mehr Menschen mit ihrem persönlichen Untergang entgegenbrüllen: Ihr seid die Burnout-Gesellschaft.